절세와 탈세의 회색지대

절세컨설팅의
숨겨진 비밀

절세컨설팅의 숨겨진 비밀

2023년 2월 9일 초판 발행
2024년 8월 1일 2판 발행

지 은 이 | 황범석, 황희곤
발 행 인 | 이희태
발 행 처 | 삼일인포마인
등록번호 | 1995. 6. 26. 제3-633호
주   소 | 서울특별시 용산구 한강대로 273 용산빌딩 4층
전   화 | 02)3489-3100
팩   스 | 02)3489-3141
가   격 | 30,000원

ISBN 979-11-6784-295-4 03320

개정판

절세와 탈세의 회색지대

절세컨설팅의
숨겨진 비밀

황범석 · 황희곤 지음

SAMIL | 삼일인포마인

◖개정판 서문

먼저, 첫 번째 판을 사랑해 주신 모든 독자분들께 진심으로 감사의 말씀을 전합니다. 여러분의 성원과 피드백 덕분에 이렇게 개정판을 내게 되었습니다.

지난 초판에서 다룬 내용들이 많은 분들께서 읽어 주셨고, 동시에 세무 분야에서 일하시는 조세전문가 뿐만 아니라 세금에 관심이 있는 각계각층의 일반 독자에 이르기까지 많은 관심과 격려를 받았습니다.

이러한 관심과 사랑에 보답하기 위해, 금번 개정판에서는 실무적으로 더욱 도움이 될 수 있는 내용들을 담고자 노력했습니다.

이번 개정판에서는 특히 다음과 같은 부분을 중점적으로 개정 및 추가하였습니다:

첫째, 최근 몇 년간의 세법 개정 내용을 반영하여 최신 정보를 제공하고자 하였습니다. 특히, 절세 상품에 관한 다양한 컨설팅 성공사례와 판례를 추가하여 이론적인 설명에 그치지 않고 독자들이 실제 상황에서 직접 응용 및 적용할 수 있도록 배려하였습니다.

둘째, 당연한 말이지만 모든 절세 설계와 절세 컨설팅은 각 법률과 세법의 범주 안에서 합리적이고 합법적으로 실행되어야 합니다. 꼼꼼한 연구 없이 법령을 자의적으로 유추 해석하여 잘못된 절세 컨설팅을 할 경우에는 본세를 포함한 각종 가산세를 추가로 부담하게 됨은 물론, 고의적인 조세 포탈 혐의 등 조세범칙행위로 간주되어 검찰 고발 등 사법적 심판과 처벌을 받을 수도 있습니다. 따라서 금번 개정판에선 잘못된 컨설팅과 그 후 국세청 기획조사로 추징된 사례들을 추가 소개함으로써 무분별하고 무책임한 컨설팅에 경종을 울리려 하였습니다.

셋째, 국세청은 다양한 세원 및 조사관리 인프라 구축과 조사조직 확대 개편, 조사시스템과 법령 등 제도적 보완을 통해 납세자의 성실납세를 지원하는 한편 반사회적·지능적·고의적 탈세행위에 대한 엄정 대처 등 공평과세를 지속적으로 추진하고 있습니다.

국세청의 시스템 및 정보력이 강화됨에 따라 이전에는 큰 관심 없이 지나쳤던 각종 공제감면·경정청구 등을 포함한 절세 컨설팅들이 서서히 수면 위로 떠오르고 있으며 심도있는 사후 검증을 받고 과세되고 있는 실정입니다. 이에 국세청의 주요 탈세방지 시스템과 운영방향에 대한 설명을 보완함으로써 국세행정을 보다 폭넓고 깊이 있게 이해할 수 있도록 하였습니다.

본 개정판이 여러분의 세무 컨설팅 업무와 판단에 더 큰 도움이 되기를 바랍니다. 항상 변화하는 세법 환경 속에서 고객이 잘못된 절세 컨설팅으로부터 피해받지 않게 하는 것이 본서가 추구하는 목표입니다. 앞으로도 여러분의 의견을 귀 기울여 듣고, 더 나은 정보를 제공할 수 있도록 끊임없이 노력하겠습니다.

끝으로, 개정판 발간에 도움을 주신 모든 분들께 감사의 말씀을 드립니다. 특히, 삼일인포마인의 이희태 대표이사님과 김동원 이사님, 임연혁 차장님, 그리고 언제나 큰 힘이 되어주는 가족에게 깊은 감사의 마음을 전합니다.

2024년 7월

공동저자 황범석, 황희곤

초판 서문

이 책의 탄생은 필자의 경력만큼이나 특이하다.

필자는 대한민국 세금 방패 중 가장 유명한 법인 중 하나인 법무법인 율촌에 재직하였으며, 이후 대한민국 국세의 유일한 창인 국세청(분당 세무서 납세자보호실장직)에서 국세 공무원으로서 근무하게 되었다.

국세청에 입사한 뒤, 국세청 본청 조사국 조사기획과와 세원정보과에서 겸임교수직을 맡으며 본·지방청 조사국의 전문 조사요원 및 일선 세무서의 조사요원 등을 대상으로 조사분야 심화과정과 정보전문가 과정 등에서 강의하였다.

처음 국세청에서 강의 요청이 왔을 때는 법인의 거래구조 등의 재구성을 통한 절세 방안과 재산(양도·상속·증여) 관련 컨설팅에 대해 강의할 예정이었으나, 강의를 준비하는 과정에서 더욱 더 매력적으로 다가오는 주제가 있었다.

그것은 바로 시중에 들불처럼 유행하고 있는 절세상품의 문제점이었다.

필자가 공직에 몸담기 이전 세무사로 근무하던 시절부터 시중에는 절세상품을 공격적으로 판매하는 조직들이 존재하였고 그러한 컨설팅업체들이 판매하는 절세상품을 유심히 보고 있자면 좋은 상품도 있지만, 세법상 경계선을 넘나드는 위험한 상품은 물론 세법과 그에 대한 해석을 잘못 적용하고 있는 상품도 종종 있었다.

필자는 그러한 상품들을 모아 세법상 문제점에 대해 분석하였으며 이러한 상품에 대한 과세기법까지 설명하는 것으로 강의를 구성하였다.

다행히 첫 강의에 대한 반응이 매우 좋았고, 더불어 다른 교육과정의 강좌까지 맡아 강의하게 되었다.

당시 강의를 구성할 때만 해도 시중에서 무분별하게 팔리고 있는 절세상품에 대해 경종을 울리고 조사업무에 종사하는 세무조사관분들께 조금이라도 도움을 드리고자 강의를 준비하고 구성하였으나, 국세청에서 퇴사한 지금으로서는 세금과 관련한 Tax consultant

들에게 컨설팅의 위험성을 알리고 세법과 관련한 정확한 지식을 전달하기 위한 목적과 선의의 납세자가 전문가의 탈을 쓴 비전문가들로부터 본인을 보호하기 위한 용도로 사용되기를 바라며 본서를 저술하였다.

본서는 세법 및 세무대리 관련된 업무에 종사하는 분들뿐만 아니라 세법과 관련된 업무를 하지 않더라도 세금에 관심이 있는 일반 독자분들도 편히 읽을 수 있도록 기술하였다.

본서가 독자분들께 조금이라도 도움이 되기를 바라며, 발간되기까지 도움을 주신 삼일인포마인의 이희태 대표이사님과 김동원 이사님, 임연혁 차장님, 그리고 사랑하는 가족에게 감사 인사를 드린다.

CONTENTS ❧

CONTENTS ;

Chapter

재산제세 편

CONTENTS ;

Chapter

국세청, 탈세방지 시스템

Chapter

필자가 법무법인(유) 율촌에 입사지원 후 서류전형을 통과하고 면접을 보러 갔을 때, 조세그룹의 김동수 대표님께서 이러한 질문을 하였다.

"황 세무사, 우리가 하고 있는 일을 한 단어로 정의해 보세요!"

참으로 특이한 질문이었다. 율촌의 면접을 보기 위해 며칠을 꼬박 준비했지만 이러한 본질적이고 허를 찌르는 질문에 대해서는 미처 준비하지 못했다.

다만, 순간적으로 필자는 "보호"라는 단어를 생각해 내었고 미흡하게나마 답변할 수 있었다. 필자의 답변을 들은 대표님께서는 필자의 대답도 일리가 있다고 말씀하시며, 대표님께서 생각한 정답을 이야기해 주셨다.

"우리가 하는 일을 한 단어로 정의하면 설득입니다. 고객을 설득해야 하고 판사를 설득해야 합니다. 그리고 물론 과세관청 역시 설득해야 겠지요. 귀하는 설득에 자신이 있나요?"

당시에 뭐라고 답했는지는 정확히 기억이 나지 않는다.

다만, 그때 필자는 전문가가 하는 일은 "설득"이라는 한 단어로 정의한 대표님의 혜안에 감탄했으며 뇌리에 이 한 단어가 깊숙이 박혔다. "보호"라는 답변이 틀린 것은 아니었으나, 대표님의 "설득"

이라는 말이 더 세련되고 핵심을 찌르는 단어라고 생각했다. 이후에 필자는 설득이라는 단어에 매료되어 설득과 관련된 서적을 읽어 보고 연구하기 시작했다. 물론 오랜 시간이 지난 지금 그러한 지식이 머리에 남아 있지는 않다. 다만, 하나의 직군에 대한 정확한 본질을 정의한 대표님의 혜안이 지금도 참 대단하시다는 생각을 종종한다.

그리고 시간이 지나고 경험이 축적되면서 세무사 또는 변호사, 회계사 등 전문자격사의 일뿐만 아니라 세상의 모든 업무가 "설득"이라는 단어와 깊이 연관되어 있다는 사실을 알게 되었다.

그렇다면 설득을 잘하기 위해서는 무엇이 필요할까?

필자는 설득을 잘하기 위해서 무엇이 필요한지 많은 고민을 하였고, 책을 읽으며 연구하였다. 그리고 필자 나름대로 설득에서 가장 필요한 것은 '신뢰'라는 결론을 내리게 되었다.

정리하면 그 누구든 사람을 상대하는 자라면 설득을 잘하는 것이 본인의 역량과 직결되며 이러한 설득의 본질은 상대방의 신뢰에서 기반한다는 것이 필자의 생각이다.

아무리 정확한 정보를 전달하더라도 정보를 전달하는 상대방에 대한 믿음이 미흡하다면 설득은 실패할 가능성이 높다. 불신이 높은 상대방이 하는 이야기는 듣기도 싫을 뿐더러 마음속에서는 어떻게든 반박하고 싶다는 욕망이 스멀스멀 올라오기 때문이다.

절세 컨설팅의 개념

컨설팅(Consulting)의 사전적 의미에 따르면 컨설팅이란 "어떤 분야의 전문가가 고객을 상대로 상담하고 도와주는 것"을 말한다.

즉, 컨설팅이란 개인 또는 기업이나 조직이 고객의 의뢰를 받아 특정 분야의 전문지식과 실무경험을 바탕으로 의뢰자의 현안 문제를 해결하거나 미래의 방향성을 제시하는 등 의사결정을 지원하는 서비스를 제공하는 것을 의미한다고 볼 수 있다.

컨설팅의 종류와 성격은 일반적으로 개인, 기업, 조직에 따라 다르며 기업만 하더라도 창업·마케팅·경영·재무·인사·노무·기술·특허 컨설팅 등 다양하지만 본서에서는 세금과 관련된 컨설팅 그 중에서도 절세 컨설팅에 초점을 맞추어 설명하고자 한다.

컨설팅 업무를 직업상 수행하는 전문가를 보통 컨설턴트(Consultant)라고 하며 시중에서는 객관적 조언자, 선의의 중재자, 문제 해결사,

코칭 스텝 등 다양한 이름으로 불리고 기업 내부에서는 자문위원이나 고문 등으로 불려지기도 한다.

이러한 컨설턴트는 전문성 이외에도 신뢰성, 논리적 사고와 설득력 등은 물론이고 효과적인 의사소통 능력이 필요하다.

결국 아무리 옳고 바른 컨설팅이라 하더라도 상대방에 대한 믿음과 신뢰가 없다면 설득과 노력은 수포로 돌아갈 확률이 크다.

그러므로 상대방을 설득하기 위해서는 설득하려는 대상과의 신뢰 관계가 중요하다. 그런데 그 양자 간에 신뢰가 깨진다면? 그렇다면 십중팔구 상대방에 대한 설득 역시 힘들 것이다.

세금에 대한 서비스를 제공하는 집단, 예를 들어 세무사, 회계사, 변호사 등 법정 세무대리인과 여타 전문자격사, 보험업계의 FC, 경영지도사 등(이하 Tax consultant) 역시 고객 및 과세 관청과의 신뢰 관계가 매우 중요하다. 그런데 만약 Tax consultant가 잘못된 지식으로 의뢰인에게 예상하지 못한 경제적 또는 법률적으로 피해를 준다면?

이는 곧바로 신뢰의 문제로 직결될 것이다. 결국 Tax consultant는 상대방에 대한 신뢰를 잃게 되고 그 관계는 거기서 종료됨은 물론, 심하게는 둘 사이의 관계가 남보다 못한 원한(怨恨) 관계로 남을 것이다.

그렇기 때문에 Tax consultant는 잘못된 지식을 상대방에게 전달하는 것을 매우 경계해야 한다. 그리고 미연에 발생할 수 있는 피해에 대해 상대방에게 솔직하게 미리 고지해야 한다.

그러나 시중에는 정확하지 않은 세법지식으로 만들어진 무수히 많은 절세상품들이 팔리고 있다. 이는 상대방에게 잘못된 지식을 전달하는 것과 같다. 그리고 그 피해는 납세자가 고스란히 떠안게 된다. 일부 Tax consultant의 과도한 욕심 또는 잘못된 지식의 제공으로 인해 선의의 납세자들이 예상치 못한 피해를 보는 사건들이 지속적으로 발생하였고, 필자 역시 필드에서 이러한 사례를 종종 목격하였다.

신뢰를 쌓기란 매우 어렵고 힘들다. 그러나 어렵게 쌓은 신뢰가 깨지는 것은 한순간이다.

그리고 그 깨어진 신뢰는 사회적 평판에도 영향을 미친다.

요즘같이 SNS가 발달하여 문자 하나로 무수한 정보 공유가 가능한 시대에 그러한 깨어진 평판은 손쉽게 다른 사람들에게 급속히 전파될 것이다. 그러한 상황은 생각만 해도 끔찍하다.

만약 여러분이 세금과 관련된 일, 특히 절세 컨설팅 업무를 하고 있다면 그리고 정확한 정보의 전달을 통해 상대방과의 지속적인 신뢰 유지가 중요하다면, 본서는 분명 도움이 될 것이다.

그러나 귀하가 당장 눈 앞의 이익이 중요하여 세금과 관련한 정확한 정보의 전달이 필요하지 않은 경우라면 이 책은 도리어 귀하의 마음을 불편하게 만들 수도 있다. 고객 입장에서 장밋빛 미래만을 꿈꾸고 그에 따라 계약을 체결하려 하는데, 그 이면에 냉혹한 현실이 있을 수도 있다는 이야기를 정확하게 전달하기란 분명 현재 진행 중인 계약에 악영향을 미칠 수도 있으므로 쉽게 입에서 떨어지지 않을 것이다.

본서는 Tax consultant가 정확한 지식을 고객 등에게 전달하는데 도움을 줄 수 있으며, 선의의 납세자가 전문가를 빙자한 문외한에게 피해를 당하지 않게 도움을 줄 것이다.

세금이 쉽다고 생각하는 독자들은 뒤통수를 강하게 맞은 느낌이 들 수 있는 반면, 세금이 어렵게만 느껴졌던 독자들은 세법 역시 상식에 기반하고 있음에 대해 알 수 있을 것이다.

그렇다면 본격적으로 시작해 보도록 하자.

방패라고 하면 어떤 이미지가 떠오르는가?

일반적으로 방패라고 하면 당연히 방어라는 단어가 가장 먼저 떠오를 것이다. 과거부터 방패는 방어의 목적으로 상대방의 공격을 저지하는 수단으로 사용되어 왔다. 그런데 요즘 그 방패의 역할이 많이 바뀌고 있다. 어벤져스라는 영화를 보았는가? 마블의 히어로 중대장 역할을 맡고 있는 캡틴아메리카라는 캐릭터는 특수 제작한 방패를 방어의 용도로도 사용하지만, 방패를 던지는 등의 행위를 통해 적극적인 공격의 용도로도 사용한다.

세무 업계에서도 이러한 바람이 불고 있다. 과거에 세무대리인이라고 하면 단순히 과세관청의 공격을 막아내는 수동적인 방패 역할에 불과하였다면, 요즘 세무대리인들은 절제되지 않은 절세 컨설팅과 공격적인 경정청구 등을 통해 적극적인 공격 포지션을 구축하고 있다.

일례로 최근 경정청구대리라는 것이 상품화되었고 보험사, 경영관리사 등의 조직이 적극적으로 영업활동을 하고 있는 것만 보아도 이러한 상황은 쉽게 이해가 된다.

이러한 트렌드에 힘입어 시중에는 매우 다양한 절세 "상품"들이 팔리고 있다. 그중에는 잘 만들어진 웰메이드 컨설팅 상품도 있는 반면, 불완전한 세법지식으로 만들어낸 위험한 컨설팅 상품도 다수 존재한다.

2 절세 컨설팅과 문제의 발단

신문 지상에 오르내리는 절세상품은 과연 세법상 안전한 것일까? 해당 컨설팅에 따라 절세한 경우 과세 리스크는 없는 것일까? 그렇지 않다. 그 중에 옥석을 가려야 한다. 위에서 설명한 바와 같이 잘 만들어진 상품으로 다소 안전하고 유익한 컨설팅도 있지만, 그 공격성이 지나쳐 위험한 컨설팅도 분명히 존재한다. 따라서 어떠한 상품은 고객에게 충분한 보답을 선사하지만, 어떠한 상품은 당장에는 만족감 그리고 나중에는 불안감과 막대한 피해를 야기하기도 한다.

실제로 위와 같이 광고하는 Tax consultant들이 100% 안전하다며 판매한 절세상품 중에는 최근 2~3년 국세청에서 기획사건으로 묶어 일괄 과세한 사례는 물론, 일반 세무조사 과정에서 담당 조사관에게 적발되어 추징된 사례도 상당수 있다.

심지어 필자 지인의 말에 따르면 Tax consultant들이 납세자를 찾아가 절세 컨설팅을 제안하였고 담당 세무사가 해당 컨설팅에 과세 리스크가 있다고 주의를 준 사안에 대해, Tax consultant들이 담당 세무사를 도외시하며 '세법을 모르는 실력 없는 세무사'라고 혹평 하였다는 것이다. 그리고 시간이 흘러 당시 Tax consultant들이 제안한 컨설팅에 대해 지금 국세청에서 특별기획조사를 개시할 예정이 라는 보도자료를 배포한 바 있다.

대체 이러한 상황이 왜 발생하는 것일까?

첫째, 눈앞의 이익에 급급한 경우

컨설팅 계약이 체결되어야 금전적 이익이 발생하는 경우 몇몇 Tax consultant는 양심을 외면한 채 장밋빛 미래만을 제시하며 무리를 해서라도 컨설팅 계약을 체결하려고 한다. 그리고 철저히 준수해야 하는 사후 관리에 대해서는 대수롭지 않은 것처럼 가볍게 넘기고 이후 컨설팅에서 발생하는 사후적인 책임에 대해서는 최대한 회피하려 한다.

둘째, 세법에 대한 지식이 미흡한 경우

세법의 세계는 정말 깊다. 필자 역시 많은 경험을 하였다고 생각하지 만, 여전히 세법에 대해 연구해야 할 분야가 많다. 그럼에도 불구하고 '맹인모상(盲人摸象)'이라는 말이 있듯이 코끼리 일부분만을 만지고 코끼리 전부를 이해했다고 생각하는 Tax consultant가 종종 있다. 이러한 경우는 신뢰를 중요하게 생각하는 Tax consultant라도 세법상 판단의 오류를 범하게 되며, 그에 따라 고객에게 큰 피해를 입히고 신뢰 또한 완전히 잃게 된다.

첫째와 둘째 이유 중 무엇이 더 나쁘냐고 묻는다면 개인적으로 똑같다고 이야기하고 싶다. 왜냐하면 결과적으로 둘 다 선의의 납세자가 피해를 볼 수 있기 때문이다.

시중에서 팔리는 절세 컨설팅 중에는 위험한 것도 많다고 말씀드렸다. 절세상품 자체가 위험한 것도 있고 상품을 파는 사람이 전후관계를 모두 설명해 주지 않아 위험한 상품도 있을 것이다. 그렇다면 잘 만든 상품도 있을까?

물론 있다. 절세상품 중에는 정말 잘 만들어서 오랫동안 사랑받는 상품도 있다. 그중에 대표적인 것이 "가문(家門)의 부동산"이라는 컨설팅이다.

과거 차등배당을 통한 절세가 가능했던 시기(기획재정부의 재산세제과의 예규 생성 시기부터 2020년까지)에 가장 파워풀한 효과를 냈던 상품으로서, 개인이 가지고 있는 부동산을 법인을 만든 뒤 해당 법인에 현물출자하여 부동산을 주식화하는 상품이 있었다.

이 상품의 장점은 최대주주가 가족에게 지분을 사전 분여하여 부동산에서 발생한 소득을 배당 등으로 지급할 수 있으며, 매년 주기적으로 주주총회 등을 개최하여 주주총회에 참석하는 가족에게는 추가적인 배당(차등배당)을 하는 등 한자리에 가족이 모두 모이게 하여 가족의 화목을 도모하고, 차후 지분의 증여 또는 상속 때 재산의 평가가치를 절감시켜 세금까지 절세할 수 있다는 일석삼조의 효과를 내는 부동산

활용 절세상품이었다.

해당 상품은 초과배당에 따른 이익의 증여(상증법 제41조의2) 규정 개정으로 차등배당의 절세 효과 감소로 인해 약간 주춤하였으나 지속적으로 꾸준히 애용되고 있다. 다만, 근래에는 국세청에서 "부동산 감정 평가제도" 활용도가 높아짐에 따라 해당 상품에 대한 가치가 조금씩 더 감소하고 있는 추세라고 볼 수 있다. 그래도 개인적으로 가문의 부동산 상품은 여전히 수요가 있는 상품이라고 생각한다.

이와 반대로 얼마 전까지 주택시장에서 가장 이슈가 되었던 종합부동산세를 절감시킬 목적으로 만들어진 상품도 있다. 해당 상품은 신탁과 법인 등을 활용하여 다주택자의 주택 수를 감소시켜주는 컨설팅으로서, 개인적으로는 행정실무의 허점을 파고든 상품으로 상당히 과세의 위험성이 높다고 생각한다.

이렇게 시장에는 잘 만들어진 상품도 그리고 잘못 만들어진 상품도 존재한다. 다만, 잘 만들어졌건 잘못 만들어졌건 Tax consultant는 고객에게 올바른 지식과 예측되는 리스크 등을 전달해야 하며, 컨설팅으로 인한 선의의 피해자가 양산되는 것은 지양해야 한다.

일부 Tax consultant들은 당장의 이익과 계약을 위해 무책임한 상품을 팔기도 하며, 해당 상품의 리스크가 밝혀질 경우 고객과 계약이 체결되지 않을 것을 우려하여 해당 리스크를 고의적으로 감추기도 한다. 또한 엄격한 사후관리 요건이 존재하는 건에 대해서 별일 아닌 것처럼 이야기하기도 한다. 이러한 행위는 신의성실의 원칙에 따라 마땅히 금지되어야 할 것이다.

본 자료는 원래 필자가 국세청 조사요원들을 대상으로 근래 시중에 유행하는 절세상품을 소개하고 이에 대한 과세상 문제점과 과세논리 및 과세기법을 강의하기 위한 교재로 만들었었다. 그러나 현재로서는 세금을 다루는 다양한 사람들에게 정확한 지식을 전달하고 여러 가지 세금 컨설팅에 허점이 있다는 사실을 알려주어 사전에 위험을 방지하고 컨설팅으로 인한 과세 리스크를 최소화하는데 도움을 주고자 한다.

본서의 시작은 누구나 알 수 있는 뻔한 이야기부터 시작하려고 한다.

3 실질과세 원칙과 엄격해석 원칙의 충돌

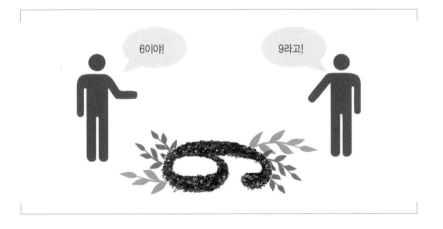

 하나의 조형물을 보고 한 사람은 "6"이라고, 다른 한 사람은 "9"라고 주장하고 있다. 동일한 조형물도 어디에서 보는지에 따라 서로 다르게 인식할 수 있다. 이러한 현상은 사회에서도 자주 나타난다.

 컵에 물이 반이 차 있을 때 누군가는 '물이 반이나 남았네'라고 말하는 반면, 다른 누군가는 '물이 반밖에 안 남았네'라고 이야기 한다. 결국 동일한 사실 관계도 각자가 처한 상황과 경험칙 그리고 태도에 따라 바라보는 시각과 판단이 달라지는 것이다.

이러한 현상은 우리의 생활 속에서도 종종 접할 수 있다. 그리고 세금을 다루는 사람들 사이에서도 자주 나타난다.

누군가는 법령의 해석에 따라 A에게 과세하는 것이 옳다고 주장하는 반면, 누군가는 동일한 법령에 근거하여 A에게 과세하는 것이 부당하다고 주장한다.

실무를 하다보면 동일한 사실관계임에도 불구하고 일반적으로 과세관청은 과세를 주장하고, 세무대리인은 과세 불가를 주장하는 경우가 있다. 분명 둘은 동일한 사실관계에서 동일한 법령을 해석함에도 불구하고 이렇게 서로 다른 판단을 내리는 것이다.

어찌보면 국고적 이익을 우선시하는 과세관청과 납세자의 재산권 보호를 목적으로 하는 세무대리인 입장에서는 당연히 동일한 사실관계 하에서도 입장차이가 있고 의견 대립이 발생할 수밖에 없다.

그런데 이러한 하나의 사실관계에 기반한 의견 대립은 처분청과 납세자의 세무대리인 간에만 있는 것은 아니다. 세법 곳곳에도 이러한 의견 대립이 존재한다.

하나의 사실관계에 대해서 세법은 과세관청과 대리인 양측의 입장을 모두 취할 수 있다. 세법에도 하나의 사실관계에 대해 서로 다른 입장을 취할 수 있는 규정이 존재하며, 하나의 사실관계에 대해 세법을 어떻게 적용하는지에 따라 그 결과는 180도 달라진다. 그 대표적인 영역이 바로 실질과세의 원칙과 엄격해석 원칙의 대립이다.

우선 엄격해석(嚴格解釋)의 원칙부터 설명하려 한다.

엄격해석의 원칙은 조세법률주의와 조세공평의 이념에서 비롯된 것으로(대법원 2006. 5. 25. 선고 2005다19163 판결 등 참조), 세법은 법문대로 해석해야 하는 것이고 합리적 이유 없이 세법을 확장해석 하거나 유추해석 하는 것은 허용되지 않는다는 것이다.

이러한 엄격해석은 과세관청과 납세자에게 동시에 적용되는 것으로서, 납세자에게 유리하다고 하여 비과세요건이나 조세감면요건을 합리적 이유 없이 확장해석하거나 유추해석 하는 것은 조세법의 기본 이념인 조세공평주의에 반하는 결과를 초래하게 되므로 허용되어서는 아니된다(대법원 2006. 5. 25. 선고 2005다19163 판결 등 참조).

위 조례의 제정목적과 조세법률주의 원칙상 과세요건이거나 비과세요건 또는 조세감면요건을 막론하고 조세법규의 해석은 특별한 사정이 없는 한 법문대로 해석할 것이고 합리적 이유없이 확장해석하거나 유추해석 하는 것은 허용되지 않는다는 법리(대법원 1984. 6. 26. 선고 83누709 판결 ; 대법원 1990. 5. 22. 선고 89누7191 판결 ; 대법원 1991. 7. 9. 선고 90누9797 판결 외 다수)에 비추어 볼 때,

엄격해석의 원칙은 납세자가 비과세나 감면을 받을 때 확장 및 유추해석을 막아 납세자의 세제 혜택을 제한하는 역할을 하는 한편, 과세관청 입장에서는 법에 근거하지 않은 수익 등에 대해 과세할 수 없게 되어 실무상 과세관청의 발목을 잡는 대표적인 원칙 중 하나이다.

어떠한 거래에 있어 과세관청이 다수의 거래 당사자 중 실제 해당 거래에 따른 이익의 수혜자에게 과세하고 싶은 경우 또는 동일한 거래 결과라도 그 과정과 구조를 상이하게 하여 세금을 줄인 경우 등에 있어 세법에 과세 근거가 없는 경우라면 엄격해석의 원칙에 따라 실제 수혜자 및 감소된 세금으로 이익을 본 자에 대한 과세는 불가능하다. 그러므로 실무상 엄격해석의 원칙은 과세관청의 과세를 가로막는 가장 큰 장애물 중 하나라고 말해도 과언이 아닐 것이다.

그런데 이와 상충되는 개념도 있다. 바로 실질과세(實質課稅)의 원칙이다. 실질과세의 원칙은 국세기본법 제14조에 규정되어 있으며, 그 내용은 다음과 같다.

🔨 국세기본법 제14조【실질과세】

① 과세의 대상이 되는 소득, 수익, 재산, 행위 또는 거래의 귀속이 명의(名義)일 뿐이고 사실상 귀속되는 자가 따로 있을 때에는 사실상 귀속되는 자를 납세의무자로 하여 세법을 적용한다. 〈2010. 1. 1. 개정〉
② 세법 중 과세표준의 계산에 관한 규정은 소득, 수익, 재산, 행위 또는 거래의 명칭이나 형식과 관계없이 그 실질 내용에 따라 적용한다. 〈2020. 6. 9. 개정〉

③ 제3자를 통한 간접적인 방법이나 둘 이상의 행위 또는 거래를 거치는 방법으로 이 법 또는 세법의 혜택을 부당하게 받기 위한 것으로 인정되는 경우에는 그 경제적 실질 내용에 따라 당사자가 직접 거래를 한 것으로 보거나 연속된 하나의 행위 또는 거래를 한 것으로 보아 이 법 또는 세법을 적용한다. 〈2010. 1. 1. 개정〉

해당 법령을 한마디로 요약하면 거래의 형식 및 외관에 상관없이 거래의 실질에 따라 세금을 과세하겠다는 논리이다. 따라서 과세관청은 거래의 외형보다는 거래의 실질에 따라 소득의 사실상 귀속자에게 세금을 부과한다. 이는 "소득이 있는 곳에 세금이 있다"라는 세법의 대전제와도 같은 맥락이다.

위에서 설명한 엄격해석의 원칙은 과세관청과 납세자 모두에게 적용되는 원칙이다. 그렇다면 실질과세의 원칙도 그러할까? 물론 그렇다. 과세관청 입장에서는 납세자가 외관을 가장하여 거래의 실질을 숨기는 경우 등에 대해 실질과세 원칙을 적용하여 과세할 수 있다. 반면 납세자 입장에서는 상황상 부득이하게 세법상 불리한 외관을 창출한 경우 그 실질을 주장하여 세법상의 불이익에서 벗어날 수 있다.

다만, 필자가 경험한 바에 따르면 세무조사 과정에서는 실질과세 원칙은 과세관청의 강력한 무기이며, 엄격해석 원칙은 납세자의 강력한 방패가 된다. 두 원칙은 어찌보면 조세정의를 위해 꼭 필요한 원칙이다. 그러나 법원은 한동안 국세기본법 제14조에 규정된 실질과세 원칙을 제대로 인정하지 않았다. 그 이유는 실질과세 원칙이 과세권의 남용을 정당화하는 도구가 되어 납세자의 재산권을 부당히 침해함으로써 과세요건 법정주의와 명확주의를 핵심으로 하는 조세법률주의와 충돌할 염려가 있기 때문이었다.

과세관청은 질문 조사권과 과세권이라는 강력한 무기를 갖고 있는데, 여기에 실질과세 원칙이라는 날개까지 달아 줄 경우 과세관청은 과세권의 남용을 통해 선의의 피해자를 다수 양산할 수도 있기 때문이다.

법원은 이러한 염려 때문에 "납세의무자가 경제활동을 함에 있어서 동일한 경제적 목적을 달성하기 위해서도 여러 가지 법률관계 중 하나를 선택할 수 있으므로 그것이 가장행위에 해당한다고 볼 특별한 사정이 없는 이상 과세관청으로서는 납세의무자가 선택한 법률관계를 존중하여야 하며, 실질과세의 원칙에 의하여 납세의무자의 거래행위를 그 형식에도 불구하고 조세회피행위라고 하여 그 효력을 부인하려면 조세법률주의 원칙상 법률에 개별적이고 구체적인 부인규정이 마련되어 있어야 한다"는 견해를 거듭 밝혀 왔다(대법원 1991. 5. 14. 선고 90누3027 판결 ; 대법원 2000. 9. 29. 선고 97누18462 판결 ; 대법원 2005. 1. 27. 선고 2004두2332 판결 ; 대법원 2009. 4. 9. 선고 2007두 26629 판결 등 참조).

그리고 이러한 법리는 법적 안정성과 예측 가능성을 확보하고 이를 통해 납세자의 권리를 보호하며 과세권의 자의적 확장을 막고자 하는 조세법률주의의 일환으로서 다수의 납세자가 응용하는 논리가 되어 왔으며, 그에 따라 다음의 판례들이 생성되어 왔다.

납세자가 선택한 법률행위 존중

- 한편 납세의무자는 경제활동을 할 때 동일한 경제적 목적을 달성하기 위하여 여러 가지 법률관계 중의 하나를 선택할 수 있고 과세관청으로서는 특별한 사정이 없는 한 당사자들이 선택한 법률관계를 존중하여야 한다(대법원 2000두963, 2001. 8. 21. 외 다수 참조).

- 또한 여러 단계의 거래를 거친 후의 결과만을 가지고 그 실질이 증여행위라고 쉽게 단정하여서는 안된다(대법원 2017. 1. 25. 선고 2015두3270 판결 참조).

- 대법원 2015. 1. 29. 선고 2012두28363 판결
  납세의무자가 경제활동을 함에 있어서는 동일한 경제적 목적을 달성하기 위하여서도 여러 가지의 법률관계 중 하나를 선택할 수 있으므로 그것이 과중한 세금의 부담을 회피하기 위한 행위라고 하더라도 가장행위에 해당한다고 볼 특별한 사정이 없는 이상 유효하다고 보아야 한다(대법원 2011. 5. 13. 선고 2010두3916 판결 등 참조).

대법원이 거래의 실질에 따라 과세 가능하게 하는 실질과세 원칙보다 조세법률주의의 취지에 기반한 엄격해석의 원칙을 적용한 판례를 우위에 두고 판결문을 생산하던 중 2012년 세법학회와 조세를 주 업무로 삼고 있는 전문가들을 깜짝 놀라게 하는 판결문이 나오게 된다. 그것도 전원 합의체 판결로.

전원합의체 판결이란 대법원장과 대법관 13명으로 구성된 합의체로, 주로 정치·사회적으로 논란이 있거나 파급력이 큰 사건들을 담당하므로 전원합의체에서 나온 선고 결과는 하급심법원을 기속함은 물론 사회에 미치는 영향이 매우 큰 것이 특징이다. 그런데 세금에 대한 판결이 이러한 전원합의체 판결로 나오게 된 것이다.

필자는 국세청에서 강의할 때, 해당 판결을 "금자탑과 같은 판결문"
이라는 명칭을 쓰며 소개했었다. 그 이유는 첫째, 해당 판결문은 실질
과세의 원칙을 적극적으로 적용한 최초의 판결문이며, 둘째는 실질적
으로 법인격을 부인하여 과세한 사례라고 판단했기 때문이다.

대법원 2012. 1. 19. 선고 2008두8499 판결문, 도대체 어떤 판결
문이기에 대법원에서 그렇게 고심한 것일까? 그리고 어떤 연유로 전원
합의체 판결하였을까? 또는 그 결과는 어떻게 되었을까?

그 판결문을 한번 살펴보자.

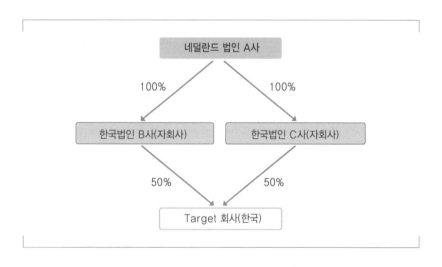

사실관계를 간단히 도식화하면 위와 같다. 네덜란드 법인인 A사가
타깃 회사를 지배하기 위해 주식을 취득해야 하는데, 대한민국 세법
상에는 간주취득세라는 조항이 있어 A사가 직접 타깃 회사의 주식을
사는 것이 매우 부담스러웠다.

간주취득세란 법인의 주식 또는 지분을 취득함으로써 과점주주 (50%+1주)가 되었을 때 그 과점주주가 해당 법인의 부동산 등을 취득한 것으로 보아 과점주주에게 취득세 신고·납부의무를 부여하는 것이다 (단순히 법인의 주식을 취득하여 법인의 과점주주가 된 것인데 과점주주가 법인의 부동산 등을 직접 취득한 것으로 보아 취득세를 과세하는 것이 부당하다고 판단한 납세자들이 여러 차례 헌법재판소에 헌법소원심판을 청구하였으나 결국 간주취득세는 합헌 판결이 났다).

A회사 입장에서는 이러한 간주취득세 납부가 부담되었고, 간주취득세를 회피하기 위해 많은 연구를 했다(물론 당시에 간주취득세를 피하기 위해 위와 같은 구조가 이미 유행하고 있었다).

그리고 A사는 간주취득세를 피할 수 있는 기가 막히게 탁월한 방법을 찾아 내었다. 바로 A사와 타깃 회사 중간에 B, C 회사를 설립하는 것이다. 그리고 B회사와 C회사가 각각 50%씩 타깃 회사를 지배하고 A회사가 B, C 회사를 각각 100%씩 보유하는 구조를 취한 것이다. 그렇게 된다면 타깃 회사에 대한 과점주주(50%+1주)가 존재하지 않게 되어 A사는 간주취득세를 회피하는 한편, 지분구조로 인해 타깃 회사를 100% 지배하게 된 것이다.

물론 지금은 세법이 개정되어 위와 같은 구조에서도 A회사에게 간주취득세를 과세할 수 있으나, 당시의 세법에 따를 경우 A에 대한 간주취득세의 과세는 불가능했다. 그러나 당시의 처분청은 이를 간과하지 않았다.

세법상 하자가 없는 거래구조에 대해 실질과세의 원칙이라는 대전제를 앞세워 세정의 칼날을 들이밀었다.

처분청이 간주취득세 과세 당시 구 지방세기본법 제82조에 따를 경우 지방세의 부과와 징수에 관하여 이 법 및 다른 법령에서 규정한 것을 제외하고는 국세기본법과 국세징수법을 준용하게 되어 있으며, 그 당시 구 국세기본법 제14조에는 실질과세 원칙이 규정되어 있었다. 그리고 처분청은 이러한 법해석을 통하여 A에게 실질과세 원칙을 적용하여 간주취득세를 과세한 것이다.

위에서 설명하였듯이 엄격해석 원칙에 따를 경우 A는 타깃 회사의 주식을 한 주도 가지고 있지 않아 타깃 회사의 주주가 아니고, 과점주주도 될 수 없으므로 A에 대한 간주취득세의 과세는 불가능하다. 그러나 실질과세의 원칙에 따를 경우 A는 B와 C를 통해 타깃 회사를 실제 100% 지배하고 있는 것과 같으므로 A를 타깃 회사의 과점주주로 보는 것이 타당하여 A에 대한 간주취득세의 과세가 가능하다.

엄격해석 원칙과 실질과세의 원칙이 첨예하게 대립하는 사안에서 대법원은 누구의 손을 들어주었을까?

과거에 항상 그래왔듯이 엄격해석의 원칙에 따라 국패를 선언했을까?

그 결과는 다음과 같다.

전원합의체 [간주취득세 관련 판례]

- 위 규정이 천명하고 있는 실질과세의 원칙은 헌법상의 기본이념인 평등의 원칙을 조세법률관계에 구현하기 위한 실천적 원리로서, '조세의 부담을 회피할 목적'으로 과세요건사실에 관하여 실질과 괴리되는 비합리적인 형식이나 외관을 취하는 경우에 그 형식이나 외관에 불구하고 실질에 따라 담세력이 있는 곳에 과세함으로써 부당한 조세회피행위를 규제하고 과세의 형평을 제고하여 조세정의를 실현하고자 하는데 주된 목적이 있다.

- 위와 같은 여러 사정을 앞서 본 규정과 법리에 비추어 살펴보면, 원고가 이 사건 자회사들에 대한 완전한 지배권을 통하여 아이엔지 주식 75%와 함께 이 사건 주식 등을 실질적으로 지배·관리하고 있으므로 원고가 그 실질적 귀속자로서 이 사건 주식 등의 취득에 관하여 구 지방세법 제105조 제6항에 의한 취득세 납세의무를 부담한다고 볼 여지가 상당하다.

대법원은 결과적으로 실질과세 원칙을 적용하여 A에게 간주취득세를 과세한 처분청의 손을 들어주었다. 그것도 전원합의체 결정으로.

이후에 이러한 실질과세 원칙을 적용한 판례들이 속속 나오기 시작했다. 그리고 실질과세 원칙의 손을 들어준 판례가 계속 등장하였으며, 이러한 분위기는 결국 다음의 판례에까지 영향을 미친다.

이번에 소개하고자 하는 판례는 필자가 생각하는 실질과세 원칙 적용의 결정적 판례로, 지금도 이 판례의 문구는 처분청의 강력한 무기가 되고 있으며, 세무대리인들이 절대 과세관청을 만만히 보면 안된다는 중요한 교훈을 주는 판례이다.

실질과세 원칙의 끝판왕 그리고 처분청의 강력한 무기이자 납세자들의 두려움의 상징이 된 대법원 2015두46963, 2017., 2015. 판결문을 소개하고자 한다.

해당 판례를 이해하기 위해서는 교차증여에 대해 알아야 한다.

재산을 수증받는 경우 재산의 수증자는 증여세를 신고 및 납부할 의무가 있다. 그리고 증여세는 누진세율(과세표준이 클수록 세율이 높아짐)로서 증여받은 재산의 과세표준에 따라 10%부터 50%까지의 세율이 적용된다. 이때 단순히 증여받은 때마다 증여세의 과세표준을 계산하는 것이 아니라, 직계존속으로부터 증여받는 경우 10년의 기간 동안 증여받은 재산을 합산하여 과세표준을 산출한다. 결국 당장에 증여받은 재산가액이 1억 원이라도 과거 10년간 증여받은 것이 9억 원이라면 10억 원에 상응하는 세율구간을 적용받게 되는 것이다.

누진세율의 적용은 납세자에게 있어 상당한 부담이 된다. 매년 똑같은 1억 원을 증여받더라도 최초에는 10%의 세율이 적용되는 반면, 나중에는 30%의 높은 세율이 적용되기 때문이다.

이러한 현상을 회피하기 위한 수단이 바로 교차증여이다.

실무상 교차증여를 가장 많이 볼 수 있는 경우는 바로 결혼할 때가 아닌가 싶다. 새로 시작하는 부부의 앞날을 돕고자 양가에서 팔을 걷어붙이는 일은 아들과 딸을 결혼시킨 한국 부모들의 다수가 겪는 일이라고 생각한다.

이때 가장 합법적으로 아들과 딸들을 경제적으로 돕는 일은 어떤 것이 있을까? 바로 증여하는 것이다. 다만, 증여는 공짜가 아니다. 부모로부터 재산을 수증한 자는 그에 대한 증여세를 신고 및 납부하여야 한다. 세금은 내가 얻은 이익의 일부를 국가에 납부하는 것이고, 대부분의 사람은 세금 내는 것을 아까워한다. 그 결과 세금을 최대한 적게 납부하기 위해 노력하고, 그 일환으로 교차증여라는 것을 활용한다.

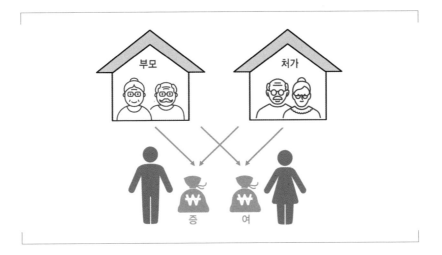

부모가 증여를 함에 있어 아들의 부모가 애당초 아들에게 증여할 계획이 었던 금액을 본인의 아들과 며느리에게 각각 나누어 증여하고, 딸의 부모는 역시 딸에게 증여할 계획이었던 금액을 본인의 딸과 사위에게 각각 나누어 증여하는 것이다.

각자 자신의 아들과 딸에게만 증여하는 경우 자식들 입장에서는 누진 세율의 적용으로 인해 높은 증여세율의 적용을 받아 세부담이 크지만, 증여재산을 쪼개어 아들과 며느리 그리고 딸과 사위에게 각각 증여하는 경우 증여에 따른 과세표준이 나뉘어 낮은 세율 구간을 적용받게 되고 결국 증여세의 절세 효과가 발생하는 것이다.

이러한 교차증여는 여러 형태로 변화하며, 세무대리인들과 납세자들이 많이 사용하는 절세방법이었다. 그리고 이러한 교차증여는 어떠한 형태로든지 100% 안전하다는 인식이 세무대리업계 전반에 자리잡고 있었다. 그 이유는 법은 엄격해석을 해야 하고, 세법에 따를 경우 해당 행위는 적법한 것이었기 때문이다.

그런데 이러한 일이 번복되는 사례가 발생했다.

하나의 가문이 있었다. 그 가문에서는 대를 이어 가업을 영위하고 있었고, 사업은 나날이 번창해 갔다. 사업이 잘되자 부모들은 이 사업을 통해 벌어들인 이익을 자식들에게도 나눠주고 싶어 했으며, 장차 자식들이 가업으로 물려받기를 원했다.

그런데 문제가 있었다. 자식들에게 이미 증여한 재산가액이 많아 각자가 본인의 자식에게 추가적인 주식을 증여할 경우 고율의 증여세를 부담해야 한다는 것이다.

아까웠다. 그리고 최대한 세금을 적게 내고 싶었다. 그래서 교차증여라는 기발한 생각을 하게 되었다.

"동생아, 우리 세금을 좀 줄여보자. 내가 조카들한테 주식을 증여할 테니 너는 우리 자식들에게 주식을 증여해 다오. 그러면 서로 증여세를 절약할 수 있단다."

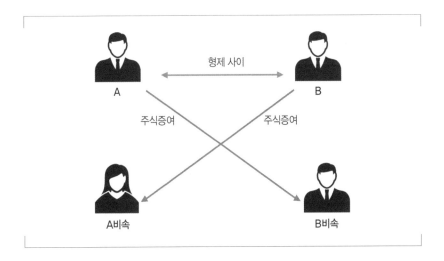

그들은 주식을 교차증여하게 되고, 주식을 교차로 증여받은 수증자는 기타친족으로부터 증여받은 것으로 보아 1천만 원의 증여재산공제를 받고 10% 세율 구간부터 새로이 세율이 적용되게 되었다.

이에 대해 과세관청은 실질이 각자가 자신의 직계비속들에게 직접 증여한 것으로 보아, 형제의 직계비속들에게 증여세 부과처분을 하였다.

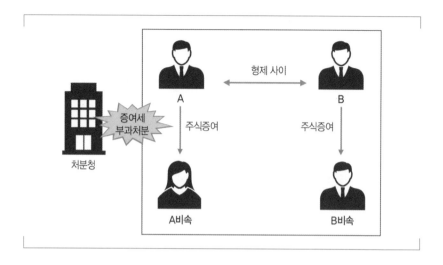

엄격해석 원칙에 따를 경우 기타친족으로부터 증여받은 재산은 직계존속으로부터 증여받은 재산과 합산하여서는 아니 된다. 그러므로 기타친족으로부터 증여받은 증여재산가액을 기준으로 증여세를 계산하는 것이 타당하다. 그리고 납세자들은 교차증여에 따른 증여세를 계산하여 적법하게 증여세를 신고 및 납부하였다.

반면 과세관청은 거래의 실질이 각각의 비속에게 증여를 하기 위한 목적에서 비롯되었으며, 그 결과 각각의 비속이 주식을 취득하였으므로 실질과세 원칙에 따라 수증자의 직계존속이 수증자에게 주식을 직접 증여한 것으로 보아 증여세 과세가 정당하다고 주장한다.

여러분의 생각은 어떠한가?

필자의 경험칙에 따를 경우 교차증여는 사회 통념상 인정되는 절세컨설팅이라 생각하였고, 과세관청의 과세는 국가 입장에서 정당할 수는 있지만 법원에서 받아들여지기에는 다소 무리가 있다고 판단하였다.

그러나 본 사건에 대한 대법원의 판단은 "국승"이었다. 결국 대법원은 과세관청의 손을 들어준 것이다.

대법원 2017. 2. 15. 선고 2015두46963 판결

그러므로 구 상증세법 제2조 제4항, 제3항에 의하여 당사자가 거친 여러 단계의 거래 등 법적 형식이나 법률관계를 재구성하여 직접적인 하나의 거래에 의한 증여로 보고 증여세 과세대상에 해당한다고 하려면, 납세의무자가 선택한 거래의 법적 형식이나 과정이 처음부터 조세회피의 목적을 이루기 위한 수단에 불과하여 그 재산이전의 실질이 직접적인 증여를 한 것과 동일하게 평가될 수 있어야 하고, 이는 당사자가 그와 같은 거래형식을 취한 목적, 제3자를 개입시키거나 단계별 거래 과정을 거친 경위, 그와 같은 거래방식을 취한 데에 조세부담의 경감 외에 사업상의 필요 등 다른 합리적 이유가 있는지 여부, 각각의 거래 또는 행위 사이의 시간적 간격, 그러한 거래형식을 취한 데 따른 손실 및 위험 부담의 가능성 등 관련 사정을 종합하여 판단하여야 한다.

이 사건 교차증여로써 증여자들은 자신의 직계후손에게 ○○산업 주식을 직접 증여하는 것과 동일한 효과를 얻으면서도 합산과세로 인한 증여세 누진세율 등의 적용을 회피하고자 하였고, 이러한 목적이 아니라면 굳이 교차증여 약정을 체결하고 직계후손이 아닌 조카 등에게 주식을 증여할 이유가 없었다. 결국 소외 2와 소외 3, 소외 1은 각자의 직계비속인 원고들에게 ○○산업 주식을 증여하면서도 증여세 부담을 줄이려는 목적 아래 그 자체로는 합당한 이유를 찾을 수 없는 이 사건 교차증여를 의도적으로 그 수단으로 이용한 것으로 볼 수 있다. 이러한 점들을 종합하여 보면, 이 사건 교차증여는 구 상증세법 제2조 제4항에 따라 그 실질에 맞게 재구성하여 소외 3, 소외 1의 원고 1 외 6인에 대한 각 증여분은 소외 2가 위 원고들에게 직접 추가로 증여한 것으로, 소외 2의 원고 8, 원고 9에 대한 각 증여분은 소외 3, 소외 1이 위 원고들에게 직접 추가로 증여한 것으로 보아 증여세를 과세할 수 있다고 할 것이다.

대법원은 당사자가 거친 여러 단계의 거래 등 법적 형식이나 법률관계를 재구성하여 직접적인 하나의 거래로 인한 증여로 보고 증여세 과세대상에 해당한다고 하려면 납세의무자가 선택한 거래의 법적 형식이나 과정이 처음부터 조세회피의 목적을 이루기 위한 수단에 불과하여야 한다고 판시하였다.

이를 반대로 해석하면 해당 행위가 처음부터 조세회피 목적에서 기인하였다면 과세관청은 실질과세 원칙을 적용하여 납세자에 대한 과세가 가능하다는 것이다.

납세자와 세무대리인 입장에서는 상황이 어려워졌다. 기존의 판례들은 대부분 다음과 같이 해석하였다.

납세의무자는 경제활동을 할 때 특정 경제적 목적을 달성하기 위하여 어떤 법적 형식을 취할 것인지 임의로 선택할 수 있고 과세관청으로서도 특별한 사정이 없는 한 당사자들이 선택한 법적 형식에 따른 법률관계를 존중하여야 하며, 또한 여러 단계의 거래를 거친 후의 결과에는 손실 등 위험 부담에 대한 보상뿐 아니라 당해 거래와 직접적 관련성이 없는 당사자의 행위 또는 외부적 요인 등이 반영되어 있을 수 있으므로, 최종적인 경제적 효과나 결과만을 가지고 그 실질이 직접 증여에 해당한다고 쉽게 단정하여 증여세의 과세대상으로 삼아서는 안 된다(대법원 2017. 1. 25. 선고 2015두3270 판결 참조).

따라서 경제적 목적을 달성하기 위해 거래구조를 짜고 거래 순서를 달리하는 것은 납세자 입장에서 충분히 선택할 수 있는 것이고, 과세관청도 특별한 사정이 없다면 이를 존중해야 했다. 그러나 교차 증여 판례에서는 이와 반대로 해당 행위에 조세회피 목적 외에 다른 정당한 사유가 없다면 실질과세 원칙에 따라 과세가 가능하다고 판시하였다.

최근까지의 판례 태도를 면밀히 분석하다보면 엄격해석의 원칙과 실질과세 원칙의 첨예한 대립 구도 속에서 과거 힘 한번 제대로 써보지도 못하고 번번히 패배하였던 실질과세 원칙이 점차 존재감을 부각시키며 자신의 입지를 넓혀가고 있다는 생각이 든다.

교차증여 판례는 과세관청의 과세에 날개를 달아준 반면, 납세자와 세무대리인 입장에서는 상당한 부담으로 다가오게 되었다.

엄격해석의 원칙과 실질과세 원칙을 동등한 지위로 본다면 이번 판례를 통해 기울어진 운동장의 균형을 맞춘 것이지 않나 싶지만, 이런 판례까지 생성될 것이라고는 상상도 하지 못한 것이 사실이다.

이러한 상황에서 납세자와 Tax consultant는 어떻게 해야 하는 것일까?

첫째, 납세자가 선택한 거래의 법적 형식이나 과정이 처음부터 조세 회피의 목적을 이루기 위한 수단에 불과하다고 판단되는 컨설팅은 조심해야 한다.

그러므로 어떤 컨설팅이든 그러한 컨설팅을 제공받고 수행함에 있어 단순 조세회피 목적 외에 제3자가 수긍할 만한 정당한 사유가 있어야 할 것이다.

둘째, 법에 정한 사후관리 요건을 철저히 준수해야 한다.

세액 공제 등을 통하여 세금을 환급받는 경우 혹시 사후관리 규정이 있는지 꼼꼼히 확인하고, 만약 사후관리 규정이 있다면 철저히 준수하여 사후에 납세자가 불이익을 받지 않게 해야 한다.

셋째, 잘못된 세법지식으로 절세를 도모하여서는 안 된다.

위의 교차증여 판례와 같이 다수의 대리인들 역시 당연히 세법상 허용되는 컨설팅이라고 생각하는 사안에 대해 세법을 다루는 가장 보수적이라고 평가받는 대법원에서 이를 허용하지 않기도 한다. 그러므로 어떤 컨설팅이든 정확한 세법지식으로 서비스를 제공하는 것은 물론, 사후에 발생할 수 있는 세부적인 사실까지 충분히 인식하고 설명하는 것이 매우 중요하다.

이제 본격적으로 사례 중심의 이야기를 해보자!

Chapter

사업자 편

가지급금 해결 컨설팅

1 가지급금 발생원인과 세무상 문제점

사업을 하는 사람이라면 가지급금이라는 용어를 들어봤을 것이다. 그리고 이 단어가 사업하는 사람들을 얼마나 괴롭히는지 또한 알 것이다.

가지급금의 정의는 다음과 같다.

세무상 가지급금이라 함은 명칭 여하에 불구하고 당해 법인의 업무와 관련이 없는 자금의 대여액을 말하며 지급이자손금불산입, 가지급금에 대한 인정이자 계산 등의 불이익이 따른다.

이를 좀 더 직관적으로 이야기하면 대표이사 등 임직원(이하 '대표자'라 함)이 회사에서 임의로 가져간 금액으로 표현할 수 있을 것이다.

이러한 가지급금은 회사의 경영에 있어 여러 가지 측면에서 매우 부정적인 영향을 미친다.

그 내용은 다음과 같다.

- 가지급금 인정이자 계산에 따른 법인세 증가
- 가지급금의 이자를 이자발생일이 속하는 사업연도 종료일부터 1년이 되는 날까지 회수하지 아니한 경우 대표자 상여처분(가지급금 대체 포함)
- 가지급금에 대응하는 지급이자 손금불산입
- 가지급금에 대한 대손충당금 및 대손금 불인정
- 기업진단 등 기업자산평가 시 자산성 부인
- 상속세 등 기업가치 평가 시 과대평가 문제

가지급금은 대표자 등이 임의로 가져간 금액이라고 설명했다. 세법은 이를 회사가 대표에게 빌려줬다고 의제한다. 다만, 가지급금은 건전한 기업경영을 저해하는 회계 계정과목으로 보기 때문에 계약에 의한 단순한 대여금보다 더 가혹한 규제를 가한다.

간단히 이야기하면 세금이 늘어난다.

대표이사 등 특수관계자의 경우에는 소득세가 늘어난다. 법인이 대표에게 돈을 빌려준 것이기 때문에 법인이 적정한 이자를 받지 않는 경우 그 이자만큼을 대표에게 급여로 주었다고 보아(인정이자) 대표자의 근로소득세를 재계산하기 때문이다.

법인의 경우에는 법인세가 늘어난다. 위에서 설명한 인정이자 상당액 부분을 법인의 수익으로 보아 익금산입하기 때문이다. 또한 은행 대출 등이 있는 경우로서 이자를 지급하고 해당 이자를 사업상 비용으로 인식하고 있는 경우 가지급금은 업무무관자산으로 보아 법인이 지급한 이자 중 가지급금에 해당하는 부분만큼은 정당한 비용으로 인정받지 못한다.

또한 가지급금이 과도한 경우 국세청의 전산 성실도 분석에서 낮은 점수를 받아 세무조사대상으로 선정될 가능성까지 높아지니, 가지급금은 대표 들의 골머리를 썩히는 애물단지 계정이 아닌가 싶다. 그래서 과거 이 가지급금을 해결하기 위해 수많은 컨설팅이 탄생했고, 지금까지도 그 명맥을 유지해오고 있다.

사실 가지급금 문제의 해결에는 정공법이 따로 있다. 바로 대표자가 급여 또는 배당을 수령하여 가지급금을 해결하는 것이다. 이는 가장 쉬우면서도 깔끔한 방법이다.

그런데 대표에게 지급하는 급여의 경우에는 법인 입장에서 비용처리가 가능하나, 배당의 경우에는 비용처리가 불가능하다. 반면, 수령하는 사람 입장에서는 그 금액이 크다는 전제하에 법인으로부터 동일한 금액을 배당으로 수령하든 급여로 수령하든 세금의 차이가 드라마틱하게 발생하지 않는다.

그렇다면 정공법을 쓰더라도 급여를 수령하는 것이 법인 입장에서는 훨씬 유리할 것이다. 그러나 법인에 쌓인 현금을 급여로 가져가는 것이 그리 만만하지 않다.

다음 사례를 통해서 알아보자.

A씨는 법인을 설립하였다. 그리고 성공을 위해 밤낮 없이 전국을 돌아다녔다. 식사를 거르기는 부지기수였고 잠도 차에서 잘 정도로 모든 열정을 다 바쳤다. 그리고 법인에서는 급여를 거의 가져가지 않았다. 사업 초기에 들어가는 비용이 너무 많아 도저히 급여를 가져갈 형편이 되지 않았다. A대표는 지금의 이 순간을 잘 이겨내면 분명히 좋은 날이 올 것을 확신하며, 최선을 다해 사업에 전력투구하였다.

그렇게 5년이 흘렀다. A씨는 살아남았다. 아니 사업은 매우 순조롭게 돌아가고 있었다. 설립한 법인의 50% 이상이 3년 이내에 폐업하는 반면, A대표는 너무나도 성공적으로 법인을 안정적으로 운영하고 있었다.

'이제 열매를 따 먹을 때다.' A대표는 본인의 사업을 성공적으로 키워 냈고 이제 그 결실을 가져갈 때라고 생각했다. 이미 법인은 안정적으로 수익을 창출하고 있었으며 법인 내에 쌓아둔 현금 역시 충분했다. A대표는 여지껏 급여를 최소한만 가져가고 모두 법인에 유보해 두었지만, 이제는 그 현금을 인출하여 조금 더 풍요롭게 살고 싶어졌다.

이제는 현금을 어떻게 가져가야 할지 고민하기 시작했다.

대표자 인건비

법인세법 제19조 [손비의 범위]

② 손비는 이 법 및 다른 법률에서 달리 정하고 있는 것을 제외하고는 그 법인의 사업과 관련하여 발생하거나 지출된 손실 또는 비용으로서 일반적으로 인정되는 통상적인 것이거나 수익과 직접 관련된 것으로 한다.

법인세법 제20조 [자본거래 등으로 인한 손비의 손금불산입]

다음 각 호의 금액은 내국법인의 각 사업연도의 소득금액을 계산할 때 손금에 산입하지 아니한다. 〈개정 2017. 12. 19., 2018. 12. 24.〉

1. 결산을 확정할 때 잉여금의 처분을 손비로 계상한 금액

법인이 사업과 관련하여 발생한 손실 또는 비용으로, 일반적으로 인정되는 통상적이거나 수익과 직접 관련된 것은 법인세법상 손비로 인식 가능하다(법인세법 제19조 제2항). 그리고 법인 대표자의 인건비(상여 등 포함)는 이러한 손비의 요건을 충족한다. 그러므로 법인이 대표의 인건비로 지출한 금액은 원칙적으로 법인의 비용인 손비로 인식 가능한 것이다.

다만, 결산을 확정할 때 잉여금의 처분을 손비로 계상한 금액(잉여금 처분상여)은 손금에 산입하지 않는다(법인세법 제20조 제1호). 그 이유는 잉여금의 처분은 자본거래로서 세법상 비용으로 인식할 수 없기 때문이다. 이는 배당을 손금으로 인식하지 않는 이유와 유사하다.

인건비 중에서 손금에 산입할 수 없는 것이 하나 더 있다. 그것은 바로 인건비로서 과다하거나 부당하다고 인정하는 금액이다(법인세법 제26조 참조).

조금 더 자세히 설명하자면, 다음의 인건비는 손금에 산입하지 않는다 (법인세법 시행령 제43조 제3항 참조).
① 법인이 그 임원 또는 직원에게 이익처분에 의하여 지급하는 상여금
② 법인이 임원에게 지급하는 상여금 중 정관, 주주총회, 사원총회 또는 이사회의 결의에 의하여 결정된 급여지급기준에 의하여 지급하는 금액을 초과하여 지급한 경우 그 초과금액
③ 법인이 지배주주 등(특수관계에 있는 자를 포함)인 임원 또는 직원에게 정당한 사유없이 동일 직위에 있는 지배주주 등 외의 임원 또는 직원에게 지급하는 금액을 초과하여 보수를 지급한 경우 그 초과금액

이를 정리하면 과다한 인건비와 이익처분에 따라 지급하는 인건비는 손금에 산입할 수 없다는 결론에 이르게 된다.

세무 실무상 가장 자주 접하는 인건비 쟁점
(법인세법 시행령 제43조 제3항)

법인이 지배주주 등(특수관계에 있는 자를 포함)인 임원 또는 직원에게 (1) 정당한 사유없이 (2) 동일 직위에 있는 지배주주 등 외의 임원 또는 직원에게 지급하는 금액을 초과하여 보수를 지급한 경우 그 초과금액은 이를 손금에 산입하지 아니한다.

해당 법령에 따라 인건비는 아래의 사안이 중점적으로 쟁점이 되어왔다.

쟁점(1) 대표이사 등에게 많은 보수를 지급한 데에 정당한 사유가 인정 되는지 여부
쟁점(2) 대표이사와 다른 이사를 동일 직위에 있는 임원으로 평가할 수 있는지 여부

• 쟁점(1)

'정당한 사유' 여부는 다음의 제반 사정을 종합하여 경제적 합리성을 기준으로 판단한다.

① 해당 임원의 경영실적, 담당업무의 성질, 중요도, 소요시간, 책임의 경중
② 법인의 수익 및 재무현황
③ 당해 법인과 동종 동일 규모의 사업을 영위하는 법인이 통상적으로 지급하는 임원의 보수액
④ 건전한 사회통념이나 상관행

• 쟁점(2)

동일 직위에 있는 임원인지 여부는 다음을 기준으로 판단한다.

① 법인등기부상 직위에 관계없이 회사 내부 조직체계상 실제 종사하는 사실상의 직무를 기준으로 판단한다. 이때 사실상의 직무에는 완전히 동일한 경우뿐만 아니라 유사한 직무를 수행하는 경우도 포함한다.

③ 문제의 발단(법인정관 영업)

보험설계사(이하 FC) 그리고 경영지도사가 법인을 상대로 영업을 할 때 여러 가지 방법이 동원되지만, 그 처음은 정관 영업이라고 생각한다.

우리나라 대부분의 중소기업들은 표준정관을 가지고 사업을 시작한다. 하지만 표준정관은 단순히 표준일 뿐 자세한 내용을 담고 있지 않다. 인건비 및 퇴직금 그리고 법인 운영의 구체적인 사안 등은 구체적으로 정관에 규정할 필요가 있다. 그러므로 정관의 개정이 필요하다. 하지만 법인의 대표가 (삭제) 전문적인 지식 없이 정관을 개정하는 것은 매우 번거로운 일이며, 정관 개정의 필요성을 느끼지 못하는 경우도 부지기수이다.

이러한 대표들을 위해 정관 영업이 존재한다.

Tax consultant

대표님! 회사에 돈이 너무 많이 쌓여있습니다. 쌓여있는 돈으로 가지급금도 해결하시고, 가족을 위해 지출도 많이 하시고, 대표님 역시 풍족한 생활을 영위하심이 옳을 듯합니다.

법인에 쌓여있는 돈을 가져오실 때 주로 인건비를 받거나 배당금을 받는 방법이 있습니다. 그런데 배당을 받을 경우 법인 입장에서 비용처리가 안되니 최대한 인건비로 수령하셔야 합니다!

법인이 임원에게 지급하는 상여금 중 정관, 주주총회, 사원총회 또는 이사회의 결의에 의하여 결정된 급여지급기준에 의하여 지급하는 금액을 초과하는 경우 해당 금액은 손금에 산입할 수 없습니다.

그러니 아래의 사항을 철저하게 준비하신 뒤 인건비를 지급받으시면 문제 없습니다.

(1) 정관에 급여 및 상여금 지급규정 신설
(2) 주주총회 및 이사회의 급여 인상 및 상여금 지급에 대한 결의내용 준비
(3) 결의한 금액 산정 근거 준비

이대로만 하면 인건비는 문제없을 것이니 저를 믿어 주십시오!!!

위의 (1), (2), (3)은 유튜브상에서 상당히 유명한 세무사가 찍은 영상에서 본 것을 그대로 가져온 것이다. 다른 유튜브 그리고 인터넷 상의 블로그에서도 역시 위와 같이 이야기를 하고 있었다.

정말 위의 세 가지만 지키면 급여 수령에 전혀 문제가 없을까?

결론부터 말하면, '그렇지 않다'가 필자의 답이다.

4 문제의 본질(인건비 등 정상집행 여부)

우선 퇴직금과 관련된 대법원의 판례(대법원 2015. 11. 26. 선고 2015두48808 판결)를 한번 살펴보자(퇴직금의 지급 역시 상여금의 지급과 동일한 논리가 적용된다).

해당 사건의 처분경위를 보면 A가 2010년 1월 정관을 개정하여 정관에 임원에 대한 퇴직금을 주주총회의 결의로 정할 수 있도록 하는 규정을 두었고, 2010년 9월 임시주주총회를 통하여 퇴직금의 지급에

대한 상세한 내용을 규정한 퇴직급여지급기준을 제정하였다.

A는 그의 대표이사인 B에 대하여 연봉제 전환을 이유로 2011년 12월 퇴직급여를 중간정산하면서 B에게 50억 원의 퇴직급여를 지급하고 이를 손금에 산입하였다. 이에 과세관청은 "퇴직급여기준이 특정 임원만을 위하여 만들어진 것이고, 그에 따른 이 사건 퇴직급여는 과도하게 지급된 것"이라고 주장하며 구 법인세법 시행령 제44조 제4항 제2호에 따라 계산한 퇴직금한도를 적용하여 B가 한도를 초과하여 수령한 퇴직금은 손금불산입한 건이다.

이에 대해 법원은 다음과 같이 판결하였다.

 대법원 2015. 11. 26. 선고 2015두48808 판결

(심리불속행기각) (전심)
서울고등법원 2015. 7. 16. 선고 2014누68838 판례

① 법인세법이 정관에 명시한 임원퇴직금지급규정을 손금산입에 대한 기준으로 인정한 이유는 정관이란 법인의 운영에 관한 근본규칙으로서 퇴직금을 증가시키기 위해서는 상법 제433조 이하에서 정한 엄격한 정관변경절차를 거쳐야 하므로, 임원이라도 임의로 임원퇴직금을 과다하게 지급하는 것이 비교적 어려워 법인의 소득을 부당히 감소시킬 위험이 적기 때문인 점,

② 앞서 본 바와 같이 법인이 특수관계자인 특정 임원 등에게 지급한 보수나 상여금, 퇴직금 등이 건전한 사회통념이나 상관행에 비추어 경제적 합리성을 결한 비정상적인 경우 특정 임원 등에게 이익을 분여하여 법인의 소득에 대한 조세의 부담을 부당히 감소시킨 행위로서 법인세법 제52조에 따라 부당행위계산 부인의 대상이 되는 점 등을 고려해 보면,

법인세법 시행령 제44조 제4항 제1호 또는 제5항에 따른 '정관에 의한 임원퇴직금 지급규정'이란, 상법상 의결절차와 의결내용이 정당할뿐 아니라, 임원의 퇴직 시마다 퇴직금(퇴직위로금 포함)을 임의로 지급할 수 없도록 정한 일반적이고 구체적인 기준으로서 당해 법인이 계속적이고 반복적으로 적용하여 온 규정이라고 봄이 타당하다.

따라서 만일 임원퇴직금 지급규정을 신설하거나 개정한 직후 곧바로 대표이사가 퇴직을 한 경우와 같이 특정 임원에게 임의로 퇴직금을 지급하기 위한 방편으로 지배주주 등의 지배력에 의해 정관이 급조되었다거나, 정관에서 특정 임원에게만 정당한 이유 없이 퇴직금액을 고액으로 정하거나 지급배율을 차별적으로 높게 정하였다는 등의 특별한 사정이 있다면, 위와 같은 정관은 특정 임원에게 임의로 고액의 퇴직금을 지급하기 위한 수단일 뿐 당해 법인이 계속적·반복적으로 적용하여 온 일반적이고 구체적인 규정이라고 볼 수 없으므로, 법인세법 시행령 제44조 제4항 제1호 또는 제5항에 따른 '정관에 의한 임원퇴직금 지급규정'이라고 볼 수 없다.

해당 판결문의 핵심은 다음과 같다.

"일반적이고 구체적인 기준으로서 당해 법인이 계속적·반복적으로 상당기간 적용하여 온 규정"

"지배주주 등이 지배력에 의해 정관이 급조되었거나, 특정 임원에게만 정당한 이유 없이 퇴직금액을 고액으로 정하거나 지급배율을 차별적으로 높게 정하였다는 등의 특별한 사정이 있다면 이는 당해 법인이 계속적·반복적으로 적용하여 온 일반적이고 구체적인 규정이라고 볼 수 없다."

결국 법원은 퇴직금 지급규정을 급조하거나 정당한 이유 없이 특정 임원에게만 높은 지급배율을 적용할 경우 해당 퇴직금은 손금으로 온전히 인정할 수 없다는 것이다. 물론 이러한 논리는 상여금의 지급에서도 동일하게 적용된다.

대법원 2013. 7. 12. 선고 2013두4842 판례를 확인해 보자.

해당 건의 처분경위는 다음과 같다.

A법인은 임시주주총회를 개최하여 대표이사인 B에게 상여금 지급 결의를 한 후 상여금을 지급하고 해당 상여금을 손금에 산입하였다. 과세관청은 A법인에 대하여 세무조사를 실시한 후 A법인이 B에게 지급한 상여금의 성격을 이익처분으로 보아 손금 부인한 건이다.

이에 대해 법원은 다음과 같이 판결하였다.

대법원 2013. 7. 12. 선고 2013두4842 판결

원심은 제1심 판결 이유를 인용하여 원고가 2008. 12. 12.자 임시주주총회 결의에 따라 2008. 12. 30. 전임 대표이사인 강○○에게 급여 ○○○○원 이외에 상여금 ○○○○원(이하 '이 사건 상여금'이라 한다)을 지급한 사실 등을 인정한 다음, 원고가 그 취업규칙에서 경영실적에 따라 상여금을 지급할 수 있다고 규정하고 원고의 2008. 3. 26.자 정기주주총회에서 임원 보수 한도를 회장·부회장의 경우 ○○○○원으로 결의하였다고 하더라도 그것만으로는 법인세법 시행령 제43조 제2항 소정의 '급여지급기준'이 정해져 있다고 할 수 없고, 나아가 이 사건 상여금의 액수를 ○○○○원으로 정한 근거를 알 수 없을 뿐만 아니라 그 액수가 2008

사업연도 당기순이익의 약 42%에 이르는 거액이어서 이를 임원 개인에 대한 임금으로 보기도 어렵다는 점 등에 비추어, 이 사건 상여금은 원고가 유보된 이익을 원고의 발행주식 71%를 보유한 지배주주인 강○○에게 배분하기 위하여 상여금의 형식을 취한 것으로서 실질적으로 이익처분에 의하여 지급되는 상여금에 해당한다는 이유로, 이 사건 상여금이 손금불산입 대상에 해당함을 전제로 한 이 사건 처분은 적법하다고 판단하였다. 관련 규정과 법리 및 기록에 비추어 살펴보면, 원심의 이러한 판단은 정당하고, 거기에 상고이유에서 주장하는 바와 같은 인건비의 손금산입이나 이익처분에 의하여 지급하는 상여금에 관한 법리오해 등의 위법이 없다.

해당 판결문의 핵심은 다음과 같다.

"주주총회에서 임원보수 한도를 결의하였다고 하더라도 그것만으로는 법인세법상의 소정의 급여지급기준이 정해져 있다고 할 수 없고"

"액수가 당기순이익의 42%에 이르는 거액이어서 이를 임원 개인에 대한 임금으로 보기도 어렵다는 점"

"이 사건 상여금은 유보된 이익을 지배주주에게 배분하기 위하여 상여금의 형식을 취한 것으로서 실질적으로 이익처분에 의하여 지급되는 상여금에 해당한다."

결국 법원은 상여금이 임금으로 볼 수 있을 수준을 넘어서 과도하게 지급하여서는 안된다고 판시하는 한편, 그 상여금의 실질이 인건비가 아닌 이익처분에 의하여 지급되는 상여금(자본거래)에 해당하여서는 안된다고 판시하였다.

인건비와 관련하여 대법원 2017. 9. 21. 선고 2015두60884 판례를 확인해 보자.

처분의 경위는 다음과 같다.

A법인은 1인 주주 법인으로서 대표이사이자 단독주주인 B에게 매년 ○○○원의 급여를 지급하였다. 과세관청은 해당 급여가 과다하다는 이유로 동종업종 12개 중 대표이사의 급여가 높은 상위 3개 업체의 대표이사 급여 평균액을 초과하여 지급된 급여를 손금불산입한 건이다.

이에 대해 법원은 다음과 같이 판시하였다.

대법원 2017. 9. 21. 선고 2015두60884 판결

법인이 임원에게 직무집행의 대가로서 지급하는 보수는 법인의 사업수행을 위하여 지출하는 비용으로서 원칙적으로 손금산입의 대상이 된다. 하지만 앞서 본 규정들의 문언과 법인의 소득을 부당하게 감소시키는 것을 방지하기 위한 구 법인세법 제26조, 법인세법 시행령 제43조의 입법취지 등에 비추어 보면, 법인이 지배주주인 임원(그와 특수관계에 있는 임원을 포함한다)에게 보수를 지급하였더라도, 그 보수가 법인의 영업이익에서 차지하는 비중과 규모, 해당 법인 내 다른 임원들 또는 동종업계 임원들의 보수와의 현저한 격차 유무, 정기적·계속적으로 지급될 가능성, 보수의 증감 추이 및 법인의 영업이익 변동과의 연관성, 다른 주주들에 대한 배당금 지급 여부, 법인의 소득을 부당하게 감소시키려는 주관적 의도 등 제반 사정을 종합적으로 고려할 때, 해당 보수가 임원의 직무집행에 대한 정상적인 대가라기보다는 주로 법인에 유보된 이익을 분여하기 위하여 대외적으로 보수의 형식을 취한 것에 불과하다면, 이는 이익처분으로서 손금불산입 대상이 되는 상여금과 그 실질이 동일하므로 법인세법 시행령 제43조에 따라 손금에 산입할 수 없다고 보아야 한다.

해당 판결문의 핵심은 다음과 같다.

"법인이 지배주주인 임원에게 보수를 지급하였더라도 그 제반 사정을 종합적으로 고려하여 해당 보수가 직무집행에 대한 정상적인 대가라기보다는 주로 법인에 유보된 이익을 분여하기 위하여 대외적으로 보수형식을 취한 것에 불과하다면 이는 손금에 산입할 수 없다."

이 판결문 역시 종전의 판결문과 그 취지가 같다. 임원이 가져간 보수가 실제 근로제공에 대하여 정당하게 받는 것이라면 해당 보수를 법인의 손금으로 인식하는 것이 맞으나, 해당 보수의 실질이 법인에 유보된 이익을 분여하기 위하여 대외적으로 보수 형식을 취한 것에 불과하다면 해당 보수는 그 실질을 '이익처분 상여'로 보아 법인의 손금으로 인정할 수 없다는 것이다.

인건비와 관련된 마지막 판례는 대법원 2016. 1. 28. 선고 2014다11888 판결이다. 이 판례는 사실상 세법과 관련된 판례가 아니다. 그럼에도 불구하고 과다한 급여 지급으로 인해 발생한 사건이므로 한번 들여다볼 만하다.

대법원 2016. 1. 28. 선고 2014다11888 판결

이처럼 상법이 정관 또는 주주총회의 결의로 이사의 보수를 정하도록 한 것은 이사들의 고용계약과 관련하여 사익 도모의 폐해를 방지함으로써 회사와 주주 및 회사채권자의 이익을 보호하기 위한 것이므로(대법원 2006. 11. 23. 선고 2004다49570 판결 참조), 비록 보수와 직무의 상관관계가 상법에 명시되어 있지 않더라도 이사가 회사에 대하여 제공하는 직무와 그 지급받는 보수 사이에는 합리적 비례관계가 유지되어야 하며, 회사의 채무 상황이나 영업실적에 비추어 합리적인 수준을 벗어나서 현저히 균형성을 잃을 정도로 과다하여서는 아니 된다.

따라서 회사에 대한 경영권 상실 등에 의하여 퇴직을 앞둔 이사가 회사로부터 최대한 많은 보수를 받기 위하여 그에 동조하는 다른 이사와 함께 이사의 직무내용, 회사의 재무상황이나 영업실적 등에 비추어 지나치게 과다하여 합리적 수준을 현저히 벗어나는 보수 지급 기준을 마련하고 그 지위를 이용하여 주주총회에 영향력을 행사함으로써 소수주주의 반대에 불구하고 이에 관한 주주총회결의가 성립되도록 하였다면, 이는 회사를 위하여 직무를 충실하게 수행하여야 하는 상법 제382조의3에서 정한 의무를 위반하여 회사재산의 부당한 유출을 야기함으로써 회사와 주주의 이익을 침해하는 것으로서 회사에 대한 배임행위에 해당하므로, 주주총회결의를 거쳤다 하더라도 그러한 위법행위가 유효하다 할 수는 없다(대법원 2005. 10. 28. 선고 2005도4915 판결 ; 대법원 2007. 6. 1. 선고 2006도1813 판결 등 참조).

해당 판결문의 핵심은 다음과 같다.

"이사가 회사에 대하여 제공하는 직무와 그 지급받는 보수 사이에는 합리적 비례관계가 유지되어야 하며, 합리적인 수준을 벗어나 현저히 균형을 잃을 정도로 과다하여서는 안 된다."

"지나치게 과다하여 합리적 수준을 현저히 벗어나는 보수 지급 기준을 마련하고 그 지위를 이용하여 주주총회에 영향력을 행사하여 소수주주의 반대에도 불구하고 주주총회결의를 성립하도록 하였다면 이는 회사의 주주의 이익을 침해하는 것으로 회사에 대한 배임행위에 해당한다."

결국 합리적인 수준을 벗어난 과도한 급여 지급은 배임행위까지 될 수 있으며, 회사에 대하여 제공하는 직무와 그 지급받는 보수 사이에는 합리적 비례관계가 유지되어야 한다.

5 문제의 해결(직무와 보수의 합리적 비례)

지금까지 상여금과 관련된 판례들을 보았다. 어떠한가? 처음에 Tax consultant가 고객에게 했던 말들은 모두 정당하고 옳은 것이었나?

다시 한번 확인해 보자.

Tax consultant

그러니 아래의 사항을 철저하게 준비하신 뒤 인건비를 지급받으시면 문제 없습니다.

(1) 정관에 급여 및 상여금 지급규정 신설
(2) 주주총회 및 이사회의 급여 인상 및 상여금 지급에 대한 결의내용 준비
(3) 결의한 금액 산정 근거 준비

위의 이야기는 분명 맞는 이야기이고, 세무대리인들 대부분이 숙지하고 있는 사항이지만 이것만으로는 부족하다. 정관 영업에는 다음의 것들이 추가로 필요하다.

(4) 상여금 및 퇴직금 정관은 일반적으로 구체적인 기준으로 당해 법인이 계속 반복적으로 적용해온 규정이어야 합니다.

(5) 정관이 급조되었거나 특정임원에게 혜택을 부여하기 위해 개정하는 것은 정당한 상여금으로 인정되지 않습니다.

(6) 상여금의 실질이 유보된 이익을 지배주주 등에게 배분하기 위한 것이어서는 안됩니다.

(7) 상여금의 지급이 회사에 대하여 제공하는 직무와 그 지급받는 보수 사이에 합리적 비례관계가 있어야 하고, 합리적 수준을 벗어나 현저히 균형을 잃어서는 안됩니다.

그러니 급하게 정관을 개정하여 상여금 또는 퇴직금을 지급하시는 경우 해당 비용이 손금으로 인정되지 않고 배임 이슈까지 있을 수 있으니 미리 계획을 세우셔서 관련 규정에 맞게 점진적으로 급여 등을 조정하시는 것이 좋습니다.

근래에 인건비와 관련된 이슈가 많이 발생하고 있다. 그 이유는 법인의 인건비 및 퇴직금을 주식평가금액을 낮추는데 활용하기 때문이다. 비용을 인식함으로써 순손익가치를 낮추고 그에 따라 비상장주식의 가치를 낮추는 것이다.

그렇게 가치평가가 낮아진 비상장주식을 직계비속 등의 특수관계인에게 양도 또는 증여한다.

비상장주식의 평가가치를 낮추기 위해 인건비와 퇴직금을 활용하는 것은 가능하다. 다만, 인건비에 대한 정확한 이해 없이 인건비를 지급하고 모두 비용으로 인식하는 경우 차후 법인세뿐만 아니라 증여세 및 양도소득세에서도 문제될 수 있음을 알아야 한다.

컨설팅, 아무리 당연하다고 생각되는 것도 다시 한번 고민해 보고 다수의 전문가에게 물어보자. 돌다리도 가급적 두드려보고 건너야 한다. 그렇지 않으면 낭패를 볼 수 있다.

2 법인의 자기주식 취득 컨설팅

1 자기주식 취득의 정의

가지급금 해결의 정공법(正攻法)인 급여에 대해서 알아보았으니, 이번에는 가지급금을 해결하는 방안 중 근래에 전국을 휩쓸었던 방법인 자기주식 취득에 대해서 알아보자.

법인에 가지급금이 많으면 세무상 여러 가지로 불리한 점이 많다고 설명하였다. 그리고 그 가지급금을 없애기 위한 여러 방안들이 시중에 유행하고 있으며, 그중에는 Tax consultant가 100% 안전하다고 말하며 고객들에게 판매하였던 위험한 상품이 있다.

대부분의 Tax consultant들과 다수의 세금과 관련한 전문가 역시 과세 리스크를 간과하였음에도 불구하고 지금까지도 팔리고 있는 상품에 대해 설명하고자 한다.

자기주식이란 자기회사가 발행한 주식을 자기의 명의와 계산(돈)으로 취득해 보유하고 있는 주식을 말한다.

종전의 상법은 자기주식 취득을 허용할 경우 실질적으로 출자를 환급하는 결과가 되어 자본충실의 원칙에 반하며, 유상취득의 경우에는 회사의 자산을 감소시켜 다른 주주 및 채권자의 이익을 해하는 한편 대표이사 등에 의한 불공정한 회사지배를 초래한다는 이유로 자기주식 취득을 원칙적으로 금지하고 예외적인 경우(합병, 주식매수청구권 행사 등)에만 허용했다.

그러나 상법이 개정됨에 따라 2012년 4월 15일부터 법인이 자기주식 거래를 할 수 있게 되었다.

개정 전	개정 후
제341조(자기주식의 취득) 회사는 다음의 경우 외에는 자기의 계산으로 자기의 주식을 취득하지 못한다. 〈개정 1984. 4. 10., 1995. 12. 29.〉 1. 주식을 소각하기 위한 때 2. 회사의 합병 또는 다른 회사의 영업 전부의 양수로 인한 때 3. 회사의 권리를 실행함에 있어 그 목적을 달성하기 위하여 필요한 때 4. 단주의 처리를 위하여 필요한 때 5. 주주가 주식매수청구권을 행사한 때	**제341조(자기주식의 취득)** ① 회사는 다음의 방법에 따라 자기의 명의와 계산으로 자기의 주식을 취득할 수 있다. 다만, 그 취득가액의 총액은 직전 결산기의 대차대조표상의 순자산액에서 제462조 제1항 각 호의 금액을 뺀 금액을 초과하지 못한다. 1. 거래소에서 시세(時勢)가 있는 주식의 경우에는 거래소에서 취득하는 방법 2. 제345조 제1항의 주식의 상환에 관한 종류주식의 경우 외에 각 주주가 가진 주식 수에 따라 균등한 조건으로 취득하는 것으로서 대통령령으로 정하는 방법

개정 전	개정 후
제342조(자기주식의 처분) 회사는 제341조 제1호의 경우에는 지체 없이 주식실효의 절차를 밟아야 하며 동조 제2호 내지 제5호와 제341조의3 단서의 경우에는 상당한 시기에 주식 또는 질권의 처분을 하여야 한다.	**제342조(자기주식의 처분)** 회사가 보유하는 자기의 주식을 처분하는 경우에 다음 각 호의 사항으로서 정관에 규정이 없는 것은 이사회가 결정한다. 1. 처분할 주식의 종류와 수 2. 처분할 주식의 처분가액과 납입기일 3. 주식을 처분할 상대방 및 처분방법

종전 상법은 자기주식 취득을 원칙적으로 금지하면서 "상당한 시기"에 주식을 처분하여야 한다고만 정하고 있어 실무상 주식의 보유 기한에 대한 의문이 있었다.

그러나 2014년 상법은 자기주식의 취득을 원칙적으로 허용한 것과 더불어 자기주식의 처분기한 관련 규정을 삭제함으로써 정관의 규정이 없으면 이사회의 결의로 회사가 적절한 시기에 처분할 수 있도록 하였다.

사실 상법에서 자기주식 취득을 허용한 것은 첫째, 자본시장과 금융투자업에 관한 법률(이하 '자본시장법')에서 상장회사에 대하여 자기주식 취득을 허용하고 있어 비상장회사에 대한 자기주식 취득 규제는 차별에 해당하는 점, 둘째, 적대적 M&A에 대한 방어의 수단으로 자기주식이 활용 가능한 점, 셋째, 법인 입장에서 자기주식을 각종 재무전략적 차원에서 사용 가능한 점, 넷째, 자기 주식을 직원들에게 급여 등으로 지급할 수 있는 점 등의 효과가 있기 때문이었다.

지금부터 논의할 이야기는 이러한 법인의 자기주식 취득과 관련된 것이다.

2 자기주식 취득 유형

(가) 상법 개정 이전의 자기주식 취득 관련 조세 이슈

2012년 상법 개정을 통해 일반적으로 자기주식 취득이 허용되기 이전, 자기주식 취득과 관련한 과세관청과 납세자 간의 다툼은 대부분 법인이 자기주식을 취득함에 있어 취득 사유가 상법에 규정한 예외적인 사항에 해당하는지와 자기주식 취득의 절차를 적법하게 준수하였는지에 대한 것이었다.

그 이유는 상법에서 정하는 사유 외적으로 법인이 자기주식을 취득하는 것은 부득이한 사정이 있다고 하더라도 허용되지 아니하는 것이고, 상법의 금지규정에 위반하여 자기주식을 취득하는 것은 당연무효(대법원 2003. 5. 16. 선고 2001다44109 판결, 같은 뜻)이기 때문이다.

즉, 법인이 주주로부터 자기주식 등을 취득한 행위가 무효로서 애초부터 없었던 것이 되는 것이다. 자기주식 취득의 행위가 무효가 됨에 따라 당초 법인의 주주가 주식 매각 대가로 법인으로부터 수령한 주식 매도대금은 법인이 원인 없이 대표에게 지급한 것이 되었다. 그리고 대표가 법인으로부터 원인 없이 수령한 금액은 세법상 가지급금으로 인정되어 세법상 가지급금에 따른 제재를 받게 되는 경우가 발생하게 되었다.

그러한 사유로 자기주식을 취득하는 것을 허용한 상법 개정 이전 법인이 상법에 정하는 예외적인 사유에 따라 절차를 지켜서 자기주식을 취득했는지가 이슈가 되는 경우가 종종 있었던 것이다. 그러나 상법이 법인의 자기주식 취득을 허용함에 따라 이제 남은 것은 적법한 절차를 준수하여 자기주식을 취득하였는지가 중요하게 되었다.

(나) 문제의 발단

상법의 개정에 따라 자기주식의 취득이 가능해지고 그에 따라 가지급금 리스크가 낮아짐에 따라 Tax consultant는 다음과 같은 상품을 개발하였다.

Tax consultant

대표님! 상법이 개정되어 이제 법인의 자기주식 취득이 가능하게 되었습니다!

어차피 대표님의 지분을 법인이 일부 소유한다고 하여 회사 경영에 미치는 영향은 전혀 없을 것이니 법인의 자기주식 취득을 통하여 가지급금을 해결하는 것이 좋겠습니다. 그래야 세금을 아낄 수 있습니다.

법인이 대표님으로부터 자기주식을 취득하고, 대표님은 그에 따라 양도 대가를 법인으로부터 수령하는 것입니다.

이때 자기주식 취득 후 소각하면 법인으로부터 수령한 금액이 의제배당으로 과세되어 고율의 세율이 적용될 수 있으니, 법인이 대표님으로부터 취득한 주식을 보유하고 있어야 합니다.

그래야 주식의 양도차익에 대해 대표님께 저율의 양도소득세가 적용됩니다. 그리고 거래는 시가로 해야 차후에 문제가 발생하지 않으니, 이점 명심하시기 바랍니다.

위의 컨설팅은 모두 맞는 것일까?

(다) 자산거래와 자본거래로서의 자기주식 취득

우선 법인이 주주 등으로부터 자기주식을 취득하면 어떤 일이 발생되는지부터 확인해 보자.

법인이 주주 등으로부터 자기주식을 취득할 목적으로 취득하고 계속 보유하고 있다면, 이는 주주 입장에서 법인에 주식을 양도한 것이 된다.

반면 법인이 주주 등으로부터 자기주식을 취득하여 소각(감자)할 목적으로 주식을 취득하고 그 후 취득한 주식을 소각한다면, 이는 소득세법 제17조 제2항 제1호의 배당소득(의제배당)에 의해 과세가 된다.

그렇다면 법인이 자기주식을 주주 등으로부터 취득하여 주식을 보유하고 있으면 주주 입장에서 매도, 주식을 소각하였으면 주주 입장에서 의제배당이 되는 것일까?

이에 대해 법원은 "주식의 매도가 자산거래인 주식의 양도에 해당하는가 또는 자본거래인 주식의 소각 내지 자본의 환급에 해당하는가는 법률행위 해석의 문제로서 그 거래의 내용과 당사자의 의사를 기초로 하여 판단하여야 할 것이지만, 실질과세의 원칙상 당해 계약서의 내용이나 형식과 아울러 당사자의 의사와 계약체결의 경위, 대금의 결정 방법, 거래의 경과 등 거래의 전체 과정을 실질적으로 파악하여 판단하여야 한다(대법원 2002. 12. 26. 선고 2001두6227 판결)."고 판시하였다.

위의 판결을 요약하면 주주가 법인에 자기주식을 매도한 행위가 주주 입장에서 주식의 매각인지 아니면 의제배당 대상 소득인지 여부는 주식 매매의 과정을 전반적으로 보아 그 실질에 따라 판단해야 한다는 것이다.

그렇다면 주주 입장에서 법인에 대한 주식의 양도가 자산거래인 매매거래인지 아니면 자본거래인 주식의 감자에 따른 의제배당거래 인지에 따라 그 결과는 어떻게 달라질까?

우선, 소득의 종류 및 적용하는 세율이 다르다.

주식의 이전이 양도소득으로 과세되는 경우라면 그에 따른 부담 세액은 중소기업의 주식을 보유한 소액주주의 경우 지방소득세 포함 11%, 중소기업의 주식을 보유한 대주주의 경우 22%(단, 과세표준 3억 원 초과 시 27.5%)①이다. 반면 주식의 이전이 의제배당으로 과세되는 경우라면 그에 따른 부담세율은 누진세율의 적용을 받아 지방소득세

---

① 대주주가 중견 대기업 주식을 1년 미만 보유한 경우 지방소득세 포함 33% 적용

포함 최고 49.5%까지 과세된다.

보통의 납세자라면 세금을 더 적게 부담하는 것을 선호할 것이다. 그러므로 본인이 보유한 주식을 법인에 이전함에 따라 다른 결과값이 같다면 세금을 더 적게 부담할 수 있는 주식의 양도를 선택할 것이다.

실제 이와 같은 선택을 한 주주에 대한 과세가 있었고, 조세심판원은 다음과 같이 결정하였다.

(라) 사례 분석

아래의 조세심판원 결정례는 A법인의 대표이사인 B와 B의 배우자 C는 A법인의 100% 주식을 소유하고 있다가 A법인의 발행주식 92.31%를 A법인에게 양도하였다. 그리고 B와 C는 주식 양도에 따른 양도소득세를 신고 및 납부하였다.

처분청은 A법인에 대해 조사를 실시한 결과 쟁점주식의 양수도 거래는 실질적으로 B와 C에게 이익을 배당한 자본거래로서 소득세법 상 의제배당으로 보아 주주 등이 신고한 양도소득세를 취소하고 의제 배당에 따른 배당소득세를 과세한 건이다.

이에 대해 조세심판원은 다음과 같이 결정하였다.

조심 2018중0199, 2018. 9. 19.

납세의무자가 경제활동을 함에 있어 동일한 경제적 목적을 달성하기 위하여 여러 적법·유효한 법률관계 중 하나를 선택할 수 있는 경우에 그중 어느 방식을 취할 것인가는 그 목적 달성의 효율성, 조세 등 관련비용의 부담 정도 등을 고려하여 스스로 선택할 사항이라고 할 것이고, 그중 어느 한 가지 방식을 선택하여 법률관계를 형성하였다면 그로 인한 조세의 내용이나 범위는 그 법률관계에 맞추어 개별적으로 결정되어야 하며, 과세관청으로서는 특별한 사정이 없는 한 당사자들이 선택한 법률관계를 존중하여야 할 것이고, 단순히 조세부담이 적어졌다는 이유만으로 청구인들이 선택한 법적 형식을 부인하기 어려운 것인 점,

과세관청이 실질과세의 원칙에 의하여 당사자의 거래행위를 그 형식에도 불구하고 조세회피행위라고 하여 그 행위의 효력을 부인할 수 있으려면 명백하고 구체적인 과세근거를 제시하여야 할 것인 점, 쟁점법인의 이사회 회의록에 의하면 쟁점주식을 '청구인 김○에 대한 대여자금의 해결 목적'으로 취득하는 것으로 의결한 사실이 확인되는 점, 청구법인이 쟁점주식을 취득한 후 3년 이상이 경과한 심리일 현재까지도 쟁점주식을 소각한 사실이 확인되지 아니하는 반면, 쟁점주식의 취득이 실질적으로 소각을 통한 자본의 환급을 목적으로 하였다는 사실을 인정할만한 객관적인 과세근거가 제시된 사실이 없는 점 등에 비추어 쟁점주식의 양수도거래가 실질적으로 주식 소각 목적의 자본거래에 따른 의제배당에 해당하는 것으로 보아 이 건 종합소득세를 과세한 처분은 잘못이 있는 것으로 판단된다.

당시 조세심판원은 납세자의 주장을 받아들여 인용 결정을 하였다. 그 근거는 납세자가 선택한 법률관계는 존중받아야 하고 청구법인이 쟁점주식을 취득하고 현재까지 소각하지 않았기 때문인 것으로 보인다.

다만, 이 결정례를 참고하여 유사한 행위가 안전하다고 판단하면 오산일 수 있다. 왜냐하면 조세심판원에서 위와 같은 결정례를 생성했더라도 그 사실관계와 당시 조세심판관 회의에 참석하는 위원의 성향에 따라 그 판단은 충분히 달라질 수도 있기 때문이다.

또한 필자 입장에서도 위의 자기주식 취득 행위에 대해 의제배당으로 과세 처분이 가능하다고 생각하는데, 이는 크게 두 가지 이유에서이다.

첫째, 주주 등이 주식을 법인에 양도한 후의 결과가 주식을 소각한 것과 별반 다르지 않다.

그 이유는 A법인이 B와 C로부터 동일한 비율로 주식을 매입하는 경우 법인 지배에 전혀 영향을 미치지 않았고, 비상장주식은 시장성이 없어 B와 C의 의지가 없다면 법인이 청산하는 시점까지 자기주식을 보유할 수 있기 때문이다. 실제로 주식의 양도에 따라 법인에서 현금이 주주들에게 귀속되었지만 당장에 B와 C 입장에서는 법인이 자기 주식을 보유할뿐 별다른 차이가 없기 때문이다.

둘째, 해당 행위에 절세 목적 외에 다른 합리적인 사유를 찾아보기 어렵기 때문이다.

B와 C는 A법인의 주식을 A법인에 양도하였다. A법인의 감사보고서에는 자기주식 취득에 대한 주석사항으로 '향후 주식매수선택권 행사

시 교부 등에 사용할 예정'이라고 기재되어 있으나, 이를 실제 주식 매수선택권의 행사 등에 사용한 이력이 없으므로 이에 대한 설득력이 약하다. 그렇다면 결국 절세만을 위한 목적으로 해당 행위를 했다는 결론에 충분히 이를 수 있다.

다만, A법인이 자기주식 취득 후 보유하고 있는 행위가 절세 목적일지라도 문서로서 자기주식 취득 행위에 절세 목적이 아닌 다른 목적이 있음에 대해 명확히 기재한 것은 납세자 입장에서 상당히 현명한 조치였다고 생각한다.

본 건의 경우 납세자는 주식을 실제 소각하지 않았으므로 이는 절대감자가 아니고 그에 따라 의제배당이 아니라는 주장과 함께 세법 문언에 따라 판단해야 한다는 문리해석의 원칙을 강조한 반면, 처분청은 이와 반대로 주주들의 의결권에 변동이 없음에도 불구하고 낮은 세율을 부담하며 법인에서 현금을 인출한 사실에 대해 실질과세 원칙을 적용하여야 한다고 강력히 주장하였다.

어떠한 주장이 타당한가에 대해서는 사례별로 그 판단이 다를 것이다. 하지만 이러한 과세 사례가 있었다는 사실과 그것이 조세심판원에서 다투어졌다는 사실은 꼭 인지하기 바란다.

분명 그 누군가는 이러한 자기주식의 취득행위가 안전하다고 컨설팅했을 가능성이 높기 때문이다. 그리고 그러한 상황에서 납세자가 과세관청으로부터 추징당하게 된다면 분명히 그 누군가와 납세자 간의

신뢰는 무너지게 된다. 설령 조세 불복 절차에서 납세자가 인용을
받을지라도.

3 자기주식 취득 컨설팅

몇 년 전부터 다음과 같은 컨설팅이 들불처럼 번져나갔다.

[매경경영지원본부]

이익소각, 고민거리 가지급금 해결과 잉여금 관리를 한번에

이는 배우자 또는 직계존비속의 증여재산공제 한도를 활용하여 증여를
통해 증여재산의 취득가액을 현재 시점의 가치로 높인 후 법인의 이익잉
여금 한도 내에서 주식을 취득하여 곧바로 이익소각함으로써 증여세와
배당소득세를 절세하면서 주식 소각에 따른 잉여금 감소와 필요에 따른
가지급금 해결방안으로 쓰이고 있다.

매경경영지원본부 최은정 자문세무사(세무법인 세종TSI)에 의하면 배우자
간 증여재산공제를 활용할 때에는 반드시 증여시점으로부터 소급 10년
이내에 신고된 기증여가 있는지 필수적으로 확인하여야 한다고 강조한
다. 부동산 구입에 충분한 자금출처가 확보되는 부부가 아닌 이상 부부
공동명의로 취득된 부동산이 10년 이내에 있는지도 확인해봐야 하며,
상법상 이익소각의 절차를 무시하고 진행된 부분도 향후 가지급금으로
처리될 가능성이 있으니 주의를 요한다.

출처: 매일경제(2020. 2. 12.)

증여세 배우자 공제는 6억 원, 법인주식 세금 없이 증여 가능

증여세가 과세되지 않는 배우자공제 한도인 6억 원까지 배우자에게 법인의 주식을 증여한 후 이익소각을 하는 방법도 실무에서는 주목받고 있습니다. 법인이 배우자의 지분을 자기주식으로 취득한 후, 법인의 미처분 이익잉여금으로 자기주식을 소각하는 방법입니다. 이 경우 의제배당으로 인한 과세 문제를 피할 수 있습니다.

그러나 이익소각 과정에서 상법상의 절차를 무시하는 등의 흠결이 발생하면 해당 거래가 부인되어 법인세와 증여세 등이 과세될 위험이 높습니다. 절차를 모두 준수한 경우에도 실질과세에 따른 과세위험은 여전히 존재합니다. 따라서 이익소각은 검토 단계에서부터 실행하기 전 반드시 전문가를 통해 비상장주식의 시가 평가가 이뤄져야 하고, 상법상 절차에 따라 자기주식을 취득하고 소각해 자기주식 취득으로 발생할 수 있는 세무적 위험을 최소화해야 합니다.

출처: 중앙일보(2020. 10. 13.)

이 상품과 관련된 에피소드가 하나 있는데, 필자가 국세청에서 근무하고 있을 때 지인으로부터 들은 이야기이다.

필자와 세법과 관련된 대화를 많이 나누는 국세청 출신의 능력 있는 A세무사님이 계셨다. 그분은 본인의 오랜 기장거래처로부터 황당한 이야기를 들었다며 필자에게 전화를 하였다.

"황 실장, 어떤 컨설턴트가 이렇게 컨설팅을 했다는데 자네가 보기에는 과세 가능성이 있어 보여, 없어 보여?"

무슨 일인지 자세한 내막을 여쭤보았더니 어떤 Tax consultant가 A세무사 본인의 기장거래처 대표님을 찾아와 이익소각 컨설팅을 받으라고 권유했고, 기장거래처 대표님은 바로 A세무사님께 전화한 것이다. 그리고 A세무사는 대표님에게 이익소각 컨설팅이 가능은 하나 과세 리스크가 있다고 말씀드렸다.

Tax consultant는 그러한 A세무사를 실력 없는 세무사라고 비아냥거리며, 절대 문제없으니 본인만 믿고 진행하면 된다고 이야기했다고 한다.

당혹스러웠다. 사업 현장에서 세법을 이렇게 쉽게 생각할지는 추호도 몰랐다. 물론 필자 역시 그러한 컨설팅에 대해 이야기를 듣는다면 안되는 것은 아니나 과세 리스크는 분명히 존재한다고 이야기했을 것이다. 그런데 문제가 없다고 고객에게 이야기를 하다니! 물론 당장에 고객으로부터 무엇인가를 얻어내기 위한 목적에서 그랬는지는 모르겠으나 이는 너무 무책임한 행동이며, 양심의 문제이기도 했다.

이 사건을 통해서 필자는 국세청 본청 조사국으로부터 의뢰받은 강의의 방향을 정할 수 있었다. 시중에 유행하는 절세상품의 세법상 허점과 과세 방법들을 모아 전국의 국세 공무원 중 해당 교육과정의 신청자를 대상으로 강의하게 되었다. 본 상품은 필자의 강의안에 수록되어 있었고, 필자의 강의가 영향을 미쳤든 안미쳤든 간에 실제 국세청에서 기획 조사가 실시된 건이다.

그렇다면 이 컨설팅 상품의 내막을 살펴보자.

4 자기주식 취득과 양도행위 부인

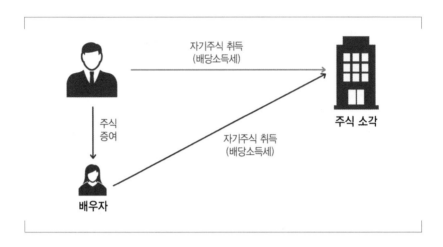

이 컨설팅을 간략하게 설명하자면 "배우자에게 6억 원 상당의 주식을 증여한 뒤 배우자가 위 주식을 법인에 매각하고 당초 주식발행 법인이 해당 주식을 취득하여 이익소각 하는 것"이다.

매우 간단하다. 하지만 몇 가지만 지킨다면 세금 없이 법인에 쌓여 있는 6억 원의 현금을 개인에게 귀속시킬 수 있다.

원칙적으로 법인으로부터 개인에게 현금을 귀속시키기 위해서는 주주라면 배당을, 근로자라면 급여를 지급하여야 한다. 그렇게 할 경우 주주나 근로자에게 소득세 부담이 발생하지만, 위의 컨설팅은 그러한 세금 없이 6억 원의 현금이 법인에서 인출되어 개인에게 귀속된다는 것이 중요한 컨셉이다.

어떻게 그러한 컨설팅이 가능할까? 이 거래의 구조를 파악하기 위해서는 다음의 내용을 이해하여야 한다.

(가) 이월과세와 증여 후 양도행위부인 적용대상에서 회피

📝 이월과세와 부당행위계산 부인

구분	이월과세 (소득세법 제97조의2)	증여 후 양도행위부인 (소득세법 제101조)
1. 효력	실제 양도자는 수증자로서 취득가액만 증여자의 것으로 하여 양도소득세 계산	증여행위 자체를 무효화하여 증여자가 해당 자산을 양도하는 것으로 보아 양도소득세 계산
2. 양도소득세 납세의무자	수증자(배우자, 직계존비속)	증여자
3. 양도소득세 취득가액	증여자의 취득가액	증여자의 취득가액
4. 대상 자산	**토지, 건물, 특정시설물이용권(상기의 자산 외에는 이월과세대상 아님)**	양도소득세 과세대상 자산
5. 적용 요건	요건 없음(무조건 적용).	① 증여자의 양도소득세가 수증자의 **증여세 및 양도소득세보다 큰 경우** ② 이월과세대상이 아닌 경우
6. 비적용 요건	없음.	**양도소득이 실제로 양도자에게 귀속되는 경우**
7. 연대납세 의무	없음.	증여자와 수증자 연대납세의무 있음.

과거 세법상 증여 후 양도하는 행위를 통한 절세가 유행하자 세법에서는 이러한 증여 후 양도하는 행위를 통한 조세회피 행위를 방지하기 위해 위와 같은 법을 소득세법에 규정하였다. 위의 두 가지 법규는 세법이 실질과세 원칙을 법제화한 것으로 볼 수 있다.

두 법규 간에는 우선순위가 있는데 먼저 이월과세가 적용되는 거래라면 이월과세를 적용하는 것이고, 이월과세의 적용 대상이 아니라면 그때 증여 후 양도행위부인을 적용하는 것이다.

위의 표는 두 법규 간의 차이에 대해 정리해 놓은 것이다.

두 법의 차이를 그림으로 표현하면 다음과 같다.

1. 이월과세[소득세법 제97조의2]

2. 증여 후 양도행위부인[소득세법 제101조]

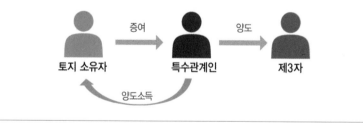

위의 그림 중 파란색이 제3자에 대한 양도소득세를 부담하는 자이다. 이월과세의 경우 토지·건물 등을 증여받은 자가 양도소득세를 부담해야 하는 반면, 증여 후 양도행위부인의 경우 과세대상 물건을 증여한 자가 제3자에 대한 양도소득세를 부담해야 한다.

이때 이익소각 컨설팅을 위해서는 두 가지 사실이 매우 중요하다.

첫째, 이월과세 적용대상 자산에 주식은 포함되지 않는다.

둘째, 증여 후 양도행위부인의 경우 특수관계인이 제3자에게 양도소득세 과세대상 물건을 양도하고 해당 양도소득이 실제 양도자에게 귀속되는 경우, 즉 자산 양도에 따른 대가가 특수관계자인 자산을 증여한 자에게 돌아가지 않는 경우 증여 후 양도행위부인 규정을 적용하지 않는다.

이 두 가지를 조합할 경우 주식을 배우자에게 증여하고 배우자가 해당 주식을 법인에 양도하는 행위는 이월과세를 적용할 수 없으며 (주식은 이월과세 대상 자산이 아니기 때문), 배우자가 증여받은 주식을 법인에 양도하고 그 양도소득의 실 귀속자가 배우자 본인이라면 증여 후 양도행위부인 규정도 적용할 수 없다(실제 양도소득이 실제 양도자에게 귀속되었으므로).

결국 배우자로부터 6억 원의 주식을 증여받고 해당 주식을 법인에 양도하는 경우 주식을 증여한 자와 수증한 자(양도자)에 대해서는 이월과세 및 증여 후 양도행위부인 규정을 적용할 수 없다는 결론에 이른다.

그러나 소득세법에 주식의 증여 후 양도하는 행위에 대해 이월과세를 적용하는 조항이 다음과 같이 신설되었는데, 해당 조항의 적용 시기는 2025년 1월 1일이니 참고하기 바란다.

소득세법 제87조의13

제1항 [주식 등 필요경비 계산 특례]

① 거주자가 양도일부터 소급하여 1년 이내에 그 배우자(양도 당시 혼인
관계가 소멸된 경우를 포함하되, 사망으로 혼인관계가 소멸된 경우는
제외한다. 이하 이항에서 같다)로부터 증여받은 주식등·채권등·투자계
약증권에 대한 주식등·채권등·투자계약증권양도소득금액을 계산할 때
주식등·채권등·투자계약증권양도가액에서 공제할 필요경비는 그 배우
자의 취득 당시 제87조의12 제1항 제1호, 같은 조 제2항 및 제3항
에 따른 금액으로 한다.

▶ 본조 신설: 2020. 12. 29.
  시행일: 2025. 1. 1.

(나) 양도소득세 '0'원의 비밀

배우자가 취득한 주식의 시가

상속세 및 증여세법 제60조 제2항 [평가의 원칙 등]

② 제1항에 따른 시가는 불특정 다수인 사이에 자유롭게 거래가 이루어지
는 경우에 통상적으로 성립된다고 인정되는 가액으로 하고 수용가격·
공매가격 및 감정가격 등 대통령령으로 정하는 바에 따라 시가로 인정
되는 것을 포함한다.

상속세 및 증여세법 시행령 제49조 제1항 [평가의 원칙 등]

① 법 제60조 제2항에서 "수용가격·공매가격 및 감정가격 등 대통령령으
로 정하는 바에 따라 시가로 인정되는 것"이란 상속개시일 또는 증여일
전후 6개월(증여재산의 경우에는 평가기준일 전 6개월부터 평가기준일
후 3개월까지로 한다. 이하 이 항에서 "평가기간"이라 한다) 이내의
기간 중 매매 등이 있는 경우에 다음 각 호의 어느 하나에 따라 확인되
는 가액을 말한다.

배우자로부터 비상장주식을 증여받고 그것을 법인에 양도하는 과정에서 증여받은 주식의 증여세는 어떻게 계산할까?

비상장주식의 평가는 시가로 하는 것이 원칙이지만, 일반적으로 비상장주식은 시가라는 것이 존재하지 않기 때문에 상속세 및 증여세법에서 규정하는 보충적 평가방법에 따른 평가방법을 사용한다. 다만, 보충적 평가방법을 적용하기 전에 비상장주식의 평가 시 세법상 시가로 인정하는 가격이 존재하는 경우에는 시가로 인정하는 금액을 그 비상장주식의 평가액으로 한다(상속세 및 증여세법 제60조 제2항 참조).

여기서 증여의 경우 시가로 인정하는 금액이란 증여일 전 6개월부터 평가기준일 후 3개월까지의 기간 중 매매 등이 있는 경우 해당 매매가액을 말하는 것으로서, 이는 수증자가 주식을 증여받을 당시에는 해당 시가를 모르지만 증여받고 단기간 내에 주식을 타인에게 양도하는 경우 해당 양도가액이 증여받은 자산의 시가라는 의미이다.

간단히 이야기하면 내가 누군가로부터 물건의 시가나 정상가격을 모르고 받았는데, 물건을 받은 날로부터 3개월 이내에 해당 물건을 팔았을 때 가격이 100원이라면 내가 받은 물건의 가치가 100원이라는 것이다.

그렇다면 여기서 재미있는 일이 발생한다. A가 B로부터 물건을 공짜로 받아서 판다면 해당 거래에서 증여와 양도가 발생한다. 그런데 증여받은 자산의 평가액이 A가 증여받고 3개월 이내에 판 가격이 된다면 증여세는 A가 물건을 판 가격으로 책정하면 되지만, 양도소득세

계산 시 양도한 가격과 A가 해당 물건을 취득(증여받은 가액)한 가격이 같아져 양도소득금액이 '0'원이 되는 현상이 발생한다.

결국 A가 증여받고 3개월 이내에 양도한 가액인 100원으로 A에 대한 증여세가 과세되고, 100원은 A가 증여를 원인으로 물건을 취득한 가격(증여재산가액)이 되는 것이다.

그리고 양도소득세의 계산은 양도가액과 취득가액의 차이에 대해서 계산하는 것인데, 양도가액이 100원이고 증여받은 취득가격 역시 100원이 되어 양도차익은 '0'원이 된다.

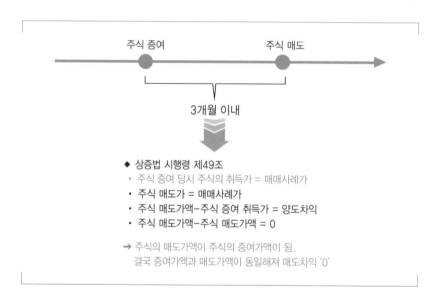

결국 배우자로부터 6억 원의 주식을 증여받고 3월 이내에 주식을 양도하는 경우 양도차익이 '0'원이므로 양도소득세가 과세되지 않는

다는 결과에 이른다. 이때 배우자로부터 소급하여 10년 동안 증여받은 자산이 없다면 배우자 증여재산공제 6억 원이 적용되어 증여세 역시 과세되지 않는다.

이러한 법리를 바탕으로 다음과 같은 상품이 만들어졌고, 한동안 매우 유행했다. 물론 지금까지도 해당 상품이 팔리고 있다는 이야기를 종종 듣는다.

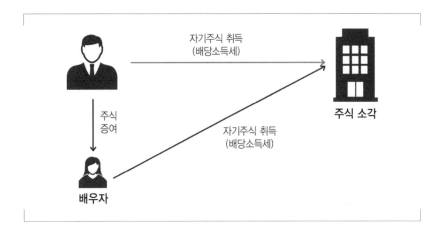

5 과세관청의 과세, 조세심판원의 판단

위의 거래 형태는 세법상 충분히 가능한 구조이다. 상속세 및 증여세법 그리고 소득세법을 잘 조합하여 만든 절세상품이다. 그러나 과세관청은 실질과세 원칙이라는 강력한 무기를 앞세워 위의 거래 형태에 대해 과세를 시도하였다. 과세 이유는 위와 같은 거래가 조세회피 목적의 거래이므로 배우자에 대한 증여를 가장행위로 보아 주식의 원소유자가 직접 주식을 법인에 양도한 것으로 본 것이다.

그 결과는 다음과 같다.

(가) 결정례 1

위와 같은 거래구조에 대해 과세관청에서 납세자에게 납부 고지서를 송부했고, 납세자가 조세심판원에 불복을 제기한 건이다. 이에 대해 조세심판원은 다음과 같이 결정하였다.

조심 2020부1593, 2020. 9. 15. [국승]

이 건의 경우 청구인은 쟁점주식을 배우자에게 증여하는 경우 배우자에 대한 증여재산공제로 인하여 증여세를 부담하지 아니할 수 있다는 점을 이용하여 쟁점주식을 평가하여 소각대가와 동일한 가액에 상당하는 주식을 배우자에게 증여한 후 증여세 및 양도소득세의 부담 없이 쟁점주식을 소각하고 그 대가를 청구인이 금전대차형식을 빌어 반환받아 쟁점법인에 대한 가수금(가지급금)을 상환한 것으로 나타나는데, 이는 쟁점주식 소각행위를 증여 및 양도거래의 단계를 거침으로써 주식 소각에 따른 의제배당에 대한 소득세 부담을 회피할 목적으로 가장거래를 한 것으로 볼 수 있는 점,

이러한 일련의 거래는 청구인이 가지급금을 상환하여 쟁점법인의 부채비율을 낮추기 위한 목적으로 사전에 자문을 받아 진행된 것으로 나타나는 점,

배우자에 대한 쟁점주식의 증여, 쟁점법인의 쟁점주식 양수 및 소각 등 쟁점주식과 관련하여 청구인이 선택한 법적 형식은 조세회피의 목적에서 비롯되었다고 봄이 타당하다 할 것이다.

따라서 처분청이 쟁점주식의 실제소유자를 청구인으로 보아 쟁점배당소득을 청구인의 종합소득금액에 합산하여 청구인에게 종합소득세를 과세한 이 건 처분은 달리 잘못이 없는 것으로 판단된다.

일부 세무 전문가들은 해당 결정례에 대해서 법인에 주식을 이전하고 수령해야 할 대금을 주식을 증여한 배우자에게 빌려주었고 해당 금원을 가지급금 상계에 사용했기 때문에 문제가 된 것이라고 판단하였다. 법인으로부터 수령한 주식 소각 관련 대금이 주식을 증여한 자에게 귀속되어 증여 후 양도행위부인(소득세법 제101조)으로 과세된 것이라는 의견이다. 필자의 생각으로는 당시 주식 증여자와 주식 수증자 사이에 실제 금전소비대차 계약서를 작성하였던 점, 결정례의 취지로 보아 조세회피 목적 외에 다른 목적이 없었던 것에 무게를 둔 점 등으로 보아 본 건이 단순 소득세법 제101조 증여 후 양도행위에 따른 과세가 아닌 "해당 행위에 조세회피 목적 외에 다른 정당한 사유가 없는 경우"가 되어 과세된 것이라고 판단된다.

(나) 결정례 2

남편이 아내에게 6억 원의 주식을 증여하고 아내가 남편에게 6억 원의 주식을 증여한 뒤 법인이 남편과 아내로부터 12억 원의 자기 주식을 취득한 사건에서 심판원은 다음과 같이 결정하였다.

 심사-소득-2020-0001, 2020. 5. 6. [국승]

③ 청구인등이 발행법인의 주식 10,000주를 교차로 증여한 1차 행위는 동일한 가치를 가진 주식을 서로 주고받은 것으로 실질적으로 청구인 등에게 증여의 이익이 발생되지 않음을 알 수 있다.

④ 또한, 청구인등에게 부부가 앞으로 발생할 수 있는 증여에서 공제할 수 있는 배우자공제액을 희생하면서 1차 행위를 할 합리적인 이유가 없어 보이고 청구인등도 합리적인 이유를 제시하지 못하고 있다.

⑤ 위의 내용으로 볼 때 쟁점거래는 통상적인 절세를 위한 일방의 증여가 아닌 쌍방의 증여를 통해 양도소득세나 종합소득세 등의 조세 부담을 회피할 목적으로 과세요건사실에 관하여 실질과 괴리되는 비합리적인 형식이나 외관을 취하는 경우에 해당한다고 볼 수 있다.

⑥ 한편, 2차 행위가 통상적인 주식양도 거래에 해당하려면 그 거래의 결과는 법인의 자본이 감소되지 않고 소유권만 이전되어야 할 것인데, 발행법인의 2018. 4. 2. 이사회 회의록과 2018. 4. 10. 임시주주총회의 내용을 보면 발행법인이 청구인등의 주식을 매입하고 이를 일정 시기에 이익소각을 하는 안건이 가결된 사실이 확인되는 점으로 볼 때 2차 거래와 3차 거래는 당초부터 자본을 감소시킬 의도였던 하나의 거래로 보는 것이 합리적이라 할 수 있다.

(다) 결정례 3

본 건 역시 배우자에게 주식을 증여한 뒤 3개월 이내에 법인이 자기 주식을 취득하고 소각하여 증여세와 배당소득세 없이 법인으로부터 현금을 인출한 사례이다.

심사-소득-2022-0008, 2022. 3. 23. [국승]

(2) 청구인들이 이러한 우회행위를 하게 된 것은 [쟁점주식 이익소각 → 현금 증여]라는 자연스러운 거래를 선택할 경우 청구인들에게 의제배당소득에 대한 소득세가 발생하게 되므로 이를 회피하기 위한 것으로 보인다.

(3) 또한, 2018년 초 기준으로 MMM 지분 중 총 87.5%를 보유하여 당해 법인에 관한 의사결정을 계획적으로 주도할 수 있는 청구인들이 본 건과 같은 부자연스러운 거래를 선택한 것과 관련하여서는 상기의 조세회피 목적 이외에 사업상의 목적 등 다른 합리적인 사유를 찾아

보기 어렵다. 즉, 본 건 조세회피거래에 대한 세법상의 혜택 부여는 부당한 것으로 보인다.

(4) 즉, 본 건 거래는 우회행위이고, 이는 오로지 조세회피 목적을 위해 계획적으로 행해진 것으로서 이에 대한 세법상의 혜택 부여는 부당하므로 본 건 [쟁점주식 증여 → 이익소각] 거래는 「국세기본법」 제14조 제3항을 적용, [쟁점주식 이익소각 → 현금증여]로 재구성하여 세법을 적용하는 것이 타당하다.

(5) 따라서 처분청이 쟁점주식 소각과 관련하여 청구인들에게 의제배당소득이 발생한 것으로 보아 과세한 이 건 종합소득세 고지는 달리 잘못이 없다고 판단된다.

(라) 결어

국세청, 배우자증여공제 악용한 감자, 의제배당과세 여부 검증

연초부터 집중 점검… "주식소각이익 대주주 귀속 땐 '실질과세 원칙'의제배당 과세"
본인 주식을 법인에 팔고 대가 지급받은 것으로 봐… 의제배당으로 봐 배당소득세

이 전문가는 "배우자증여 때 적용되는 배우자증여공제 6억 원을 활용하면 증여세도 없거나 적은 경우가 많다"면서(중략)

국세청은 그러나 연초부터 이런 자본거래에 대한 사후검증을 강화했다. 해당 자본거래가 상법상 이사회 결의를 거친 단서조항을 지켰는지, 법인의 다른 사실관계에 따라 합리적인 거래였는지를 꼼꼼히 따지고 있는 것.

출처: NTN(2021. 8. 25.)

현재까지도 배우자에 대한 비상장주식 6억 원 증여 후 법인이 자기 주식을 취득하는 행위에 대해 과세관청과 조세심판원은 실질과세 원칙을 적용하여 과세를 유지하고 있고, 심지어 그러한 자본거래에 대해 사후검증을 강화한다고 보도자료를 통해 발표까지 하였다. 문제는 이러한 상황에서도 일부 Tax consultant들이 이익소각 상품을 세법을 잘 모르는 선량한 납세자를 상대로 지속적으로 판매하고 있다는 것이다.

물론 이익소각 상품의 최종 과세 여부는 법원의 결정에 달려있고 해당 행위에 조세회피 목적 외에 합리적인 사유가 있는 경우라면 그 결과가 충분히 바뀔 수 있다. 그러나 법원에서 과세관청과 다투기 위해선 상당한 시간과 비용이 소요되고, 조세회피 목적 외에 다른 정당한 사유가 있었음에 대한 입증이 쉽지 않을 수 있어 아무리 많은 비용과 시간을 투입하더라도 그 승소를 확신할 수 없는 상황이다.

이익소각, 국세청의 눈높이가 아닌 Tax consultant들의 눈높이에서 사건을 바라봄으로 인해 국세청의 과세 가능성을 간과한 컨설팅이 선의의 납세자들에게 어떠한 피해를 끼치며 납세자와의 신뢰를 어떻게 무너뜨리는지 잘 보여준 사례라고 생각한다.

● 개정판 첨언

2024년 6월 현재까지도 이익소각과 관련하여 명확한 대법원의 판결은 아직 생성되지 않았다. 다만 몇 가지 참고할 만한 하급심 판결문들이 있어 소개하고자 한다.

판결번호	승소 여부	요지
인천지방법원 2022구합58883, 2023.8.10. 판결	국승	그러나 위와 같은 통상의 거래는 그 소득의 실질을 배우자에게 귀속하고자 하는 것일 때 배우자증여 재산공제 제도의 취지에 반하지 않으나, 이 사건 일련의 거래는 배우자에게 증여하였던 주식의 대금 상당을 원고가 곧바로 배우자로부터 증여받음으로써, 증여에 따른 이득의 실질이 결국 원고 자신에게 귀속되는 것이어서(후략)
수원지법 2022구합73353, 2023.7.5. 판결	국패	그러나 앞서 본 바와 같이 이 사건 주식의 양도대금이 이○○, 박○○에게 실질적으로 귀속되었으므로 이 사건 거래를 재구성하기 위해서는 ① 이 사건 거래를 원고들이 이 사건 회사에 이 사건 주식을 직접 양도한 행위 외에 추가로 ② 원고들이 주식양도 대금을 이○○, 박○○에게 증여한 행위까지 거래에 포함되어야 한다.

두 판례는 정 반대의 결과를 도출하였으나 여기에는 가장 주목해야만 할 핵심적인 차이가 있다. 바로 법인의 자기주식 취득 대금의 실질적인 귀속자가 누구인지 여부이다. 주식을 증여 받아 매각한 자에게 주식 매각대금이 귀속된 경우 법원은 납세자의 손을 들어줬다. 반면 주식의 매각대금의 실질 귀속자가 주식을 증여한 자인 경우 법원은 국세청의 손을 들어줬다.

물론 아직 대법원의 판결문이 생성되지 않아 최종적인 결론을 예단할 수 없다. 그러나 개인적으로 현재까지의 법원 태도는 세법에 근거한 합리적인 판단이라 생각된다.

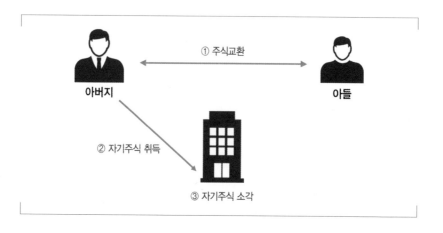

6 참고자료

(가) 자기주식 취득 컨설팅의 진화(사례1)

많은 컨설팅이 그러하듯 하나의 절세 논리가 생기면 이를 활용한 또 다른 컨설팅이 재창조된다. 그중 대법원까지 가서 다툰 사례를 소개하고자 한다.

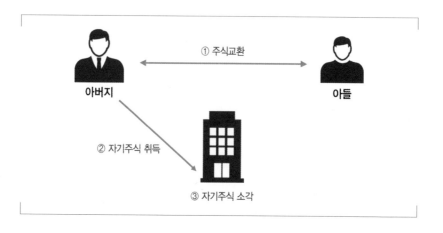

이번에 살펴볼 거래의 구조는 위와 같다.

아들과 아버지가 주식을 맞교환하고, 교환일로부터 3개월 이내에 법인이 아버지가 보유한 자기주식을 취득하고 소각하였다.

교환은 양도소득세 과세대상 거래이므로 주식 교환에 대해 아버지와 아들은 비상장주식의 양도에 따른 양도소득세를 부담하였을 것이다. 그리고 주식 교환 후 3개월 이내에 법인이 아버지로부터 자기주식을 취득하여 소각하는 경우 의제배당가액은 '0'원이 된다.

이러한 구조를 만든 이유는 위에서도 설명하였지만 비상장주식의 양도와 의제배당에 따른 세율 차이로 인한 세금 부담의 차이가 발생하기 때문이다.

법인이 자기주식을 취득하여 감자할 경우 주주는 의제배당에 따른 소득세를 부담하며, 그 금액이 일정금액 이상인 경우 다른 종합소득세 소득과 합산하여 2024년 현재 기준 지방소득세 포함 최고 49.5%의 세율을 적용받아야 한다. 그러나 주식 소각 전에 교환이라는 양도 행위를 추가함에 따라 종합소득세율 대비 저율의 주식 양도소득세만을 부담하면 되므로 절세가 가능한 것이다.

과세관청은 주식 소각 전에 교환 행위를 통해 세금을 절세하는 구조를 확인하였고, 이에 대해 실질과세 원칙을 적용하여 교환 행위를 가장으로 보아 과세하였다. 납세자는 이에 불복하였고, 이러한 다툼은 법원까지 이어졌다. 그 다툼의 결과는 다음과 같다.

대법원 2021. 9. 9. 선고 2021두38925 판결

[심리불속행기각](수원고등법원 2021. 4. 7. 선고 2020누11981 판결)
그런데 이 사건 주식교환계약, 주식매매계약의 이행이 완료된 결과, 즉 원고가 △△건설 주식을 취득하고 최○○가 현금 *,***,***,***원을 취득한 것과 동일한 결과를 얻을 수 있는 거래방식으로, 원고가 ◇◇◇◇개발에 이 사건 주식을 양도하고 그 매매대금을 수령하여 이를 최○○에게 지급하고 최○○로부터 △△건설 주식 234,545주를 매수하는 것을 생각할 수 있는바, 앞서 본 것과 같은 세법상 재구성 가능한 거래는 이처럼 당사자가 선택 가능하였던 대안 중 하나일 따름이다.

이러한 거래의 재구성은 원고와 최○○, ◇◇◇◇개발 사이에 이루어진 거래의 순서와 방식(교환을 매매로)만을 달리하는 것으로 최○○를 재구성된 거래에서 배제시키는 것이 아니므로 최○○가 이른바 도관에 불과하다고 볼 수는 없는 점, 이러한 대안적 거래관계를 선택할 경우 원고로서는 소득세법 제17조 제1항 제3호, 제2항 제1호에 따라 누진세율이 적용되는 고율의 배당소득을 종합소득세로 납부하여야 하는바, 그중 조세부담이 적은 거래관계를 선택하여 동일한 경제적 효과를 거두고자 하는 것은 납세의무자의 통상적인 행태에 부합하는 점 등에 비추어 볼 때 원고와 최○○가 이 사건 주식교환계약 및 주식매매계약의 방식을 채택한 것이 탈법적인 조세회피에 해당한다거나 세법의 혜택을 부당하게 받기 위한 것이라고 볼 수는 없다.

결론적으로 위의 사례에서는 법원이 납세자의 손을 들어주었다.

법원은 "납세의무자는 경제활동을 할 때에 동일한 경제적 목적을 달성하기 위하여 여러 가지의 법률관계 중 하나를 선택할 수 있고 과세관청으로서는 특별한 사정이 없는 한 당사자들이 선택한 법률관계를 존중하여야 하며(대법원 2001. 8. 21. 선고 2000두963 판결 등 참조), 또한 여러 단계의 거래를 거친 후의 결과에는 손실 등의 위험 부담에 대한 보상뿐 아니라 외부적인 요인이나 행위 등이 개입되어 있을 수 있으므로, 그 여러 단계의 거래를 거친 후의 결과만을 가지고 그 실질이 하나의 행위 또는 거래라고 쉽게 단정하여 과세대상으로 삼아서는 아니된다(대법원 2017. 12. 22. 선고 2017두57516 판결 등 참조)."라는 논리로 납세자의 행위가 정당하다고 판시하였다.

그렇다면 다른 건에 대해서도 그러할까?

위의 판결로 인해 주식을 소각하기 전에 양도를 함으로써 총 부담
세액을 줄이는 컨설팅은 이제 안전한 것일까?

다른 사례를 한번 확인해 보자.

(나) 자기주식 취득 컨설팅의 진화(사례2)

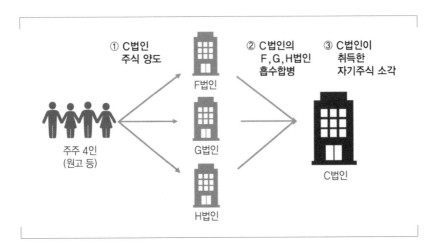

이번에 설명할 사례의 거래구조는 위와 같다.

본 건의 경우 역시 주주들이 고율의 의제배당소득세를 회피하기
위해 C법인의 주식을 F법인, G법인, H법인(쟁점법인들)에 각각 양도
하고 C법인이 쟁점법인들을 합병 뒤 쟁점법인들이 가지고 있던 C법인
주식을 소각하였다. 종전 사례와 같이 주주들은 고율의 배당소득세

과세를 회피하기 위한 수단으로 주식을 다른 법인에 양도하고 합병하는 구조를 통하여 고율의 소득세율을 회피하고 저율의 양도소득세를 적용받아 절세를 도모한 것이다.

결론적으로 이야기하면 위에서 설명한 사례와 같이 주식 소각 전에 양도라는 행위를 추가하여 최종 발생하는 세금을 줄인 것이다.

그렇다면 법원은 이전의 판결과 같이 해당 행위가 정당하다고 판시하였을까?

이에 대한 법원의 판결을 확인해 보자.

대법원 2021. 8. 26. 선고 2021두38505 판결

[심리불속행기각](서울고등법원 2021. 4. 8. 선고 2020누41377 판결)
그러나 한편 실질과세의 원칙은 헌법상의 기본이념인 평등의 원칙을 조세법률관계에 구현하기 위한 실천적 원리로서, 조세의 부담을 회피할 목적으로 과세요건사실에 관하여 실질과 괴리되는 비합리적인 형식이나 외관을 취하는 경우에 그 형식이나 외관에 불구하고 실질에 따라 담세력이 있는 곳에 과세함으로써 부당한 조세회피행위를 규제하고 과세의 형평을 제고하여 조세정의를 실현하고자 하는데 주된 목적이 있다. 이는 조세법의 기본원리인 조세법률주의와 대립관계에 있는 것이 아니라 조세법규를 다양하게 변화하는 경제생활관계에 적용함에 있어 예측 가능성과 법적 안정성이 훼손되지 않는 범위 내에서 합목적적이고 탄력적으로 해석함으로써 조세법률주의의 형해화를 막고 실효성을 확보한다는 점에서 조세법률주의와 상호보완적이고 불가분적인 관계에 있다(대법원 2012. 1. 19. 선고 2008두8499 전원합의체 판결). 따라서 형식이나 외관과 실질 사이의 괴리의 정도가 심하고 과세규정의 적용을 회피할 목적에서 비롯되어 이를 외면하는 것이 심히 부당한 경우 그 거래형식이나 외관을 부인할 수 있다고 볼 것이다.

이 사건에 관하여 보건대, 제1심 판결문 제17면에서 설시한 바와 같이, 이 사건 주식 양도가 민법 또는 세법 규정에 의하여 그 효력이 부인되는 통정허위표시 또는 가장행위의 정도에 이르렀다고 보기는 어려우나, 앞서 살핀 바와 같이 원고들은 실질적으로 의제배당을 받았음에도 이 사건 주식 양도라는 외관을 통하여 상대적으로 낮은 양도소득세만을 납부하게 되었는 바, 이 사건 주식양도의 외관과 의제배당이라는 실질이 괴리되고 그 실질을 외면하는 것이 심히 부당하다고 볼 수 있어 이 사건 주식양도의 외관을 부인하고 그 실질에 따라 원고들이 소득세법상 의제배당소득을 취득한 것으로 본 이 사건 처분은 조세회피행위를 규제하고 과세의 형평을 제고하여 조세정의를 실현하기 위한 것으로 적법하다.

종전 판례와는 다르게 이번에는 법원이 과세관청의 손을 들어주었다.

법원은 형식이나 외관과 실질 사이의 괴리의 정도가 심하고 과세규정의 적용을 회피할 목적에서 비롯되어 이를 외면하는 것이 심히 부당한 경우 그 실질에 따라 과세가 가능하다고 판시하였다. 결국 본건의 경우 주식양도의 외관을 부인하고 거래의 실질을 배당으로 보아 과세한 과세관청의 처분이 정당하다고 판시한 것이다.

동일한 논리에서 비롯된 컨설팅이었고, 과세관청에서는 실질과세를 통해 과세하였으나 그 결과는 정반대인 상황이다.

(다) 결어

위의 두 사례로 보아 법원은 동일한 논리가 쟁점이 된 사건에서도 상이한 결론을 내리고 있으며 일관된 태도를 정립하지 못하고 있는 것으로 판단된다.

필자는 (사례1)과 (사례2) 중 (사례2)의 과세 가능성이 더 낮다고 판단하였다. 단순 양도 및 주식의 소각이 아닌 법인에 양도하고 해당 법인을 합병하는 등 구조를 더 세련되게 가져갔고 합병절차를 통해 구조가 들어나기 더 힘들다고 판단했기 때문이다. 그러나 이 역시 필자의 판단이었을 뿐 법원의 결론은 달랐다.

위 사례에서 알 수 있는 것은 100% 안전한 컨설팅은 없다는 것이다. 어떠한 컨설팅이라도 실질과세 원칙에 따른 과세가 가능할 수 있으며, 어떤 조사관서 조사팀이 해당 건을 맡느냐에 따라 과세 여부가 달라질 수도 있는 것이다.

법원 역시 동일한 거래 구조에 대해 다른 결론을 낼 수 있으므로 이점 역시 꼭 명심해야 한다. 가끔 판례나 조세심판원 결정례를 들고 다니면서 해당 컨설팅이 안전하다고 주장하는 Tax consultant를 종종 보게 되는데 이는 재판부 및 상황에 따라 맞을 수도 있고 틀릴 수도 있으니 꼭 유념하기 바란다.

결론적으로 Tax consultant가 세금과 관련한 컨설팅을 제공할 경우 항상 위험성이 있음을 인지하고 그에 따른 과세 가능성을 납세자에게 정확히 알려줄 수 있도록 최선의 노력을 경주하여야 한다.

납세자 입장에서 리스크를 어느 정도 인지하고 있는 상황에서 과세를 당하는 것과 전혀 인지하지 못한 상황에서 갑자기 과세를 당하는 것은 큰 차이가 있기 때문이다.

3 광고법인을 활용한 컨설팅

The Hidden Secrets of Tax-saving Consulting

1 과다광고비 지출을 통한 탈루(보도자료)

사례1	자녀에게 아파트를 증여하기 위해 부동산 법인 설립
	※ 지방 병원장이 자녀명의 부동산 법인에게 부동산 구입자금을 광고료로 위장하여 지급하고 자녀는 이를 바탕으로 고가 APT를 매입한 사례

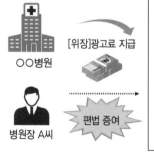

○○병원

[위장]광고료 지급

병원장 A씨

편법 증여

가족법인

자녀 100%
지분 보유

법인명의 취득

자녀 거주   고가 APT 구입

위의 거래는 국세청 보도자료에 나온 거래 형태이다. 병원장 A씨는 광고법인을 설립하였고, 해당 법인의 지분을 자녀가 100% 소유하게 하였다. 그리고 해당 법인으로부터 실제 광고용역을 제공받지 않았음에도 용역을 제공받은 것처럼 계산서 등을 수취하여 본인의 소득률을 낮추는 한편 자녀에게 증여까지 하는 거래 구조를 만들었다.

이러한 거래는 자녀가 고가의 아파트를 구입하면서 수면 위로 들어나게 되었고, 과세관청이 세정의 칼날을 휘둘러 위의 거래에 대해 과세하였다.

2 MSO를 활용한 컨설팅

필자가 세무사로서 개업을 했을 때 사무실 인테리어 및 집기비품 세팅과 마케팅 등을 어떻게 해야 할지 매우 고민했고, 이것들을 돈으로 해결할 수만 있다면 그렇게 하고 싶다는 생각이 굴뚝 같았다(물론 지금도 그러하다). 이러한 생각은 병원을 운영하는 원장 등 의료업계 종사자들도 같을 것이다.

건강보험 청구 및 심사평가업무, 종업원 채용·퇴사·급여·퇴직금 등의 노무관리, 의료장비 및 의약품·소모품 구매업무, 고객관리 및 마케팅 등의 업무를 의사가 직접 하기에는 제대로 알지도 못할 뿐더러 시간 대비 효율이 너무 떨어진다. 그런 수요에 맞춰 병원경영지원회사(MSO: Management Service Organization)라는 것이 생겼고,

의료업계에선 MSO를 설립함에 따라 매출의 분산과 경영지원 또한 보편화되고 있는 추세이다.

MSO가 실제 위와 같은 용역을 의사들에게 제공하고 그에 대한 정당한 대가를 받는 경우라면 문제가 되지 않지만, 보도자료와 같이 실제 용역을 제공하지 않고 이에 대해 대가를 거래상대방으로부터 지급받는 거래는 세법상 분명 문제가 된다.

요즘 이러한 거래구조가 많이 들려오고 있는 것으로 보아 일부 Tax consultant들이 주도적으로 MSO 관련 상품을 판매하고 있는 것으로 보인다.

3 특수관계자 간의 거래 회피 컨설팅

최근 이슈가 되고 있는 거래 형태가 있어 소개하려고 한다. 위의 보도자료에서는 의사가 가족법인과 가공거래를 함에 따라 문제가 되었다. 해당 거래는 소위 말하는 특수관계자 간의 거래로서 과세관청 입장에서는 당연히 더욱 엄격히 검증할 수밖에 없는 거래구조이다. 그러다 보니 납세자 입장에서는 어떻게든 특수관계자 간의 거래를 회피하려 하였고, 그 결과 다음과 같은 구조가 만들어지게 되었다.

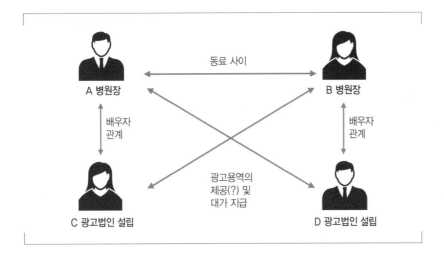

예를 들어 의료업 종사자가 본인의 배우자 명의로 광고법인을
설립하고 해당 법인과 거래를 한다면 이는 특수관계자 간의 거래로
과세관청의 이목을 집중시킬 수 있다. 그러한 연유로 Tax consultant
들은 특수관계인 간의 거래를 회피하기 위해 위와 같은 구조를 만들
었다.

간단히 설명하면 의료업계 종사자의 동료 중에는 의료업계 종사자가
상당히 많을 것이다. 그리고 각각 배우자가 있다면 각 배우자 명의로
광고법인을 만들고 동료의 배우자가 설립한 법인으로부터 광고용역을
제공받는 것이다. 예를 들어 서로 간에 매년 5억 원이라는 금액을
정하여 놓고 매년 동일한 금액을 서로의 배우자가 설립한 법인에 광고비
라는 명목으로 귀속시키고 세금계산서를 발급받는 것이다. 그렇게 될
경우 납세자 입장에서는 특수관계자 간의 거래를 회피하는 한편 광고
비를 5억 원 지출한 것이 된다.

이러한 거래를 의료업계 종사자 두 명이 하다가 조금씩 그 수를 늘려 과세관청으로부터의 적발 가능성을 낮추려는 시도가 계속되고 있으며, 방법 또한 진화하고 있는 것으로 보인다.

4 문제의 본질(용역 없이 허위세금계산서 수수)

위 거래의 본질은 실제 용역의 제공이 있었는지 여부이다. 광고 등의 용역제공 없이 서로 간에 현금을 송금하고 그에 대해 세금계산서를 주고받아 광고비로 비용을 인식한다면 이는 분명한 위법이고 탈세이다. 그러나 용역을 실제 제공하고 그에 따른 대가를 지급한 것이라면 이는 정당한 거래이다.

이러한 거래와 관련한 조세심판원의 결정을 소개하고자 한다.

A는 피부·비뇨기과를 운영하고 있는 개인사업자이다. 과세관청은 A사업자에 대한 조사를 개시하였고 매출누락과 광고비 등의 부외경비를 확인하였다. 그리고 A가 실제 광고용역을 제공받지 않고 광고비를 지출한 것으로 판단하여 해당 거래를 가공거래로 보아 과세하였다.

A는 이에 불복하였고, 조세심판원은 다음과 같이 결정하였다.

(가) 사업소득자의 당해연도 소득금액을 산정할 때 공제하여야 할 필요경비의 구체적인 항목에 대한 증명에 관하여 증명의 난이도라든가 당사자의 형평 등을 고려하여 납세의무자에게 증명의 필요를 돌리는 경우가 있으나, 그와 같은 경우란 과세관청에 의하여 납세의무자가 신고한 어느 비용의 용도와 지급의 상대방이 허위임이 상당한 정도로 증명된 경우 등을 가리키는 것으로서, 그러한 증명이 전혀 없는 경우에까지 납세의무자에게 곧바로 필요경비에 대한 증명의 필요를 돌릴 수는 없으므로 과세관청이 그러한 증명을 하지 못한 경우에는 납세의무자가 신고한 비용을 함부로 부인할 수 없는바(대법원 2015. 6. 23. 선고 2012두7776 판결 참조),

쟁점①금액(18,000천 원)의 경우 청구인이 2015년 중에 사업용계좌에서 ○○○에게 이체한 내역이 객관적으로 확인되고, 인터넷 블로그○○○ 게시내역(4건)도 구체적으로 나타나는 점, 처분청이 필요한 경우 거래상대방의 입금계좌를 토대로 거래상대방의 인적사항 및 구체적인 용도를 파악할 수 있음에도 과세관청이 해당 금액의 용도와 거래상대방이 허위임을 상당한 정도로 입증하지 아니하여 입증책임을 납세자에게 모두 전가하는 것은 불합리한 점 등에 비추어 쟁점①금액이 부외광고비에 해당한다는 청구인의 주장에 신빙성이 있는 것으로 보인다.

개인적으로 처분청이 광고용역을 부외경비로 보아 과세한 것은 조사 당시 A씨가 지급한 광고비의 규모와 실제 제공받았다는 광고용역인 블로그 게시글로 보아 서로 간에 실제 광고용역의 제공이 없었다고 판단했기 때문이라고 생각한다. 조사관 입장에서는 해당 광고비의 지출 내역과 실제 블로그 글을 확인하였음에도 이것이 정상적인 거래라고 도저히 인정하기 어렵다고 판단되어 과세했을 것이다.

그러한 취지에도 불구하고 과세 당국 입장에서 해당 광고용역의 제공이 허위인지에 대해서는 거래상대방 등을 추가적으로 조사했어야 했고, 조세심판원 역시 이점을 들어 광고비에 대해서만큼은 납세자의 손을 들어주었다.

그렇다면 어떠한 자료가 있어야 과세관청 입장에서 실제 광고용역의 제공이 있었는지에 대해 신뢰할 수 있을까?

우선 다음의 것들을 확인할 것이다.

- 광고용역을 제공한 자가 경력 등으로 보아 관련 용역의 제공이 가능한지 여부
- 광고용역 제공 회사의 조직도(직제) 및 실제 직원에 대한 인건비를 지급했는지 여부
- 광고용역 회사의 업무 수행 내역 존재 여부
- 광고용역 회사의 내부 품의서 및 결의서, 결재 관련 서류 등 존재 여부
- 업무수행을 위한 별도의 사무실 및 업무 공간이 있는지 여부
- 광고회사의 직원이 다른 기업체의 근로자인지 여부
- 광고용역을 제공받은 자가 다른 곳으로부터 광고용역을 제공받은 내역이 있는지 여부

5 문제의 해결(광고와 수익의 상관관계)

실제 광고용역의 제공이 있었었는지에 대한 다툼은 결국 사실관계의 존부를 다투는 것으로 얼마나 설득력 있는 자료로 사실관계를 입증하느냐가 핵심일 것이다.

그렇다면 실제 광고용역을 제공받았음에 대해 그리고 거래상대방이 정상적인 업체라는 사실에 대해 입증할 수 있는 자료를 충분히 구비하고 있어야 한다.

특히 앞에서 설명한 자료들은 최대한 구비해 놓는 것이 사실관계 입증에 유리하니 실제 광고용역을 제공받는 경우라면 이점 명심하고 사전에 자료를 챙겨놓는 꼼꼼함이 필요함은 물론, 더 나아가 광고에 따른 수익의 증대 등 상관관계를 정리할 필요가 있다.

6 참고자료 – 입증책임의 부담

세무 실무상 "입증책임"은 매우 중요하다. 입증책임은 세무조사 과정에서 매우 자주 이슈가 되며, 처분청과 납세자는 서로에게 입증책임을 전가하기 위해 노력한다.

처분청에 입증책임이 있는 경우 처분청은 과세가 정당하다는 입증을 하여야 하며, 납세자에게 입증책임이 있는 경우 납세자는 과세가 부당하다는 입증을 하여야 한다.

종종 모든 입증책임이 과세관청에 있다고 생각하는 Tax consultant 들이 있는데 실제로는 그렇지 않다.

입증책임은 다음과 같이 정리할 수 있다.

입증책임

1. 세금계산서 실물거래의 허위성에 관한 입증책임은 국세청에 있음.

이 사건 거래의 실물거래를 동반하지 아니한 것이라는 허위성에 관하여 피고가 합리적으로 수긍할 수 있을 정도로 입증하지 못하였으며, 세금계산서 '발급'이란 세금계산서에 기재된 거래상대방에게 교부되는 것까지 의미하며, 실물거래가 아니라는 허위성에 관한 입증책임은 피고에게 있는 것임(대법원 2017. 9. 21. 선고 2017두48475 판결).

2. 비용이 실제 지출되었다는 입증책임은 납세자에게 있음.

납세의무자가 신고한 세금계산서가 과세관청인 피고에 의해 실물거래 없이 허위로 작성된 것이 판명되어 납세의무자 측이 주장하는 비용의 용도와 그 지급의 상대방이 허위임이 상당한 정도로 입증되면 그 비용이 실제 지출되었다는 점은 납세의무자 측에서 입증할 필요가 있다(대법원 2016. 10. 27. 선고 2016두47338 판결).

납세자의 거래가 실질거래가 아니라는 허위성에 관한 입증책임은 1차적으로 과세관청에 있다. 그러나 과세관청에 의해 납세의무자 측이 주장하는 비용이 허위임이 상당한 정도로 입증되면 그 비용이 실제 지출되었다는 점은 2차적으로 납세의무자 측에서 입증하여야 한다.

결국 공을 던지면 받는 쪽에서 소명을 해야 하는 것이다.

분양대행수수료 컨설팅

1 분양대행수수료 컨설팅의 배경

필자가 처음 세무사가 되었을 때 기장보다는 절세 컨설팅을 해보고 싶었다. 그러나 절세 컨설팅이라는 막연한 로망만 존재하였을 뿐 제대로 된 정보가 없었다. 절세 컨설팅은 어떻게 하는 것인지 고민 하였으나, 당시 경험이 부족했던 필자의 입장에서는 알 수가 없었다. 그리고 시간이 지나고 경험이 쌓이면서 절세 컨설팅이라는 것의 핵심은 다음의 표에 있다는 것을 알게 되었다.

매출액(양도가액)
(-)필요경비
종합소득금액
(-)소득공제
과세표준
×세율
산출세액
(-)공제감면세액
결정세액
(+)가산세
(-)기납부세액
납부할 세액

위의 표를 유심히 보다 보면 세금을 줄이기 위해서는 다음의 것들이 필요함을 알 수 있다.

- 매출액 줄이기
- 필요경비 높이기
- 적용세율 낮추기
- 공제감면세액 늘리기
- 가산세 줄이기

대부분의 컨설팅은 위의 이론을 기반으로 시작된다. 다만, 사실상 매출액(양도가액)을 줄이는 것은 거의 불가능하므로 일반적으로 필요 경비를 높이든지 세율을 낮추든지 공제감면세액을 높이는 방안을 선택한다.

지금부터 소개할 내용은 절세를 위해 판례 등을 기반으로 필요경비를 과도하게 인식하는 구조를 만든 사례이다. 다만, 특이한 것은 다수의 조세심판원 결정례와 판례를 참고해서 해당 컨설팅의 구조가 만들어졌다는 것이다. 그렇다면 이렇게 만들어진 컨설팅은 과연 안전한 것일까?

조금 더 구체적으로 알아보도록 하자.

2 기획부동산의 영업 형태

기획부동산의 덫… 직원·지인에게 91% 팔아치웠다

기획부동산 30여 곳이 사실상 개발이 불가능한 경기도 성남시 임야지분 974억 원어치를 4,856명에게 쪼개 판 것으로 드러났다. 땅을 사들인 사람의 3분의 1가량은 연소득 2,000만 원 이하의 저소득층이었다. 가계 순자산이 1억 원 미만인 사람도 절반에 달했다. 기획부동산이 소득과 자산이 넉넉하지 않은 직원과 직원 지인들에게 사실상 '다단계 취업 사기' 방식으로 쓸모없는 땅을 대거 팔아치운 것이다.

성남시청은 이 땅이 청계산 정상 부근에 뻗어 있고 환경 평가 등급 1등급에 해당해 개발 가능성이 전혀 없다는 입장이다.

특히 경기도에서는 지난 3년간 2조 4,000억 원에 달하는 임야 지분을 팔아치운 것으로 드러나 피해 우려가 커지고 있다.

출처: 서울경제(2021. 1. 24.)

기획부동산이라는 단어를 들어 보았을 것이다. 사전에서는 "부동산을 이용해 마치 경제적인 이득을 많이 얻을 수 있을 것처럼 조작하여 투자자들로부터 부당한 이득을 얻는 행위를 하는 중개업자나 업체"라 정의하고 있다.

기획부동산은 개발 등이 불가능한 쓸모없는 부동산을 저렴한 가격에 대량으로 매입한다. 그리고 매입한 토지를 분할한 뒤 마치 곧 개발이 곧 될 것처럼 광고를 하고 다수의 사람들에게 비싼 가격에 매도한다.

기획부동산은 대표적인 민생침해 사례로 피해자들의 대부분이 노후자금 등 생계유지를 위해 꼭 필요한 자금을 기획부동산에 투자하였다가 원금도 못 찾고 발을 동동 구르는 사례가 부지기수로 발생한다.

또한 기획부동산이 부동산을 매각하는 과정에서 거래를 성사시킨 영업사원에게 직원 모두가 보는 앞에서 현금다발로 성과급을 지급하는 등의 행위를 통해 영업사원의 과도한 경쟁을 부추기는 한편, 그 영업사원까지도 기획부동산이 정말 좋은 부동산이라고 믿게 되어 본인뿐만 아니라 가족의 자금까지 끌어들이는 경우가 비일비재하여 그 피해가 막심하다.

이러한 기획부동산에 단골로 등장하는 소재들이 있다. 바로 ① 실질과세 원칙 이슈, ② 과도한 필요경비 이슈, ③ 조세범 처벌법상 조세포탈 이슈, ④ 조세범 처벌법상 세금계산서 이슈, ⑤ 바지사장 등 명의대여 이슈 등이다.

그렇다면 기획부동산의 어떠한 구조가 문제가 되는지 살펴보자.

3 문제의 발단(분양수수료 극대화)

저가 매입   고가 매도

A   기획부동산   B

부동산 거래의 일반적인 거래는 위와 같은 거래구조를 취한다. 기획부동산이 A로부터 부동산을 저렴한 가격에 매입한 뒤 B에게 고가에 매도하는 것이다.

그렇게 되면 기획부동산에 높은 이익이 귀속됨에 따라 기획부동산이 높은 세부담을 지게 된다. 또한 기획부동산이 농지를 취득하여 매도하는 경우 영농법인이 아니면 농지 취득 자체가 불가능하다는 제약이 발생한다. 기획부동산은 이와 같은 문제를 해결하기 위해 다음과 같은 형식으로 부동산을 거래하게 된다.

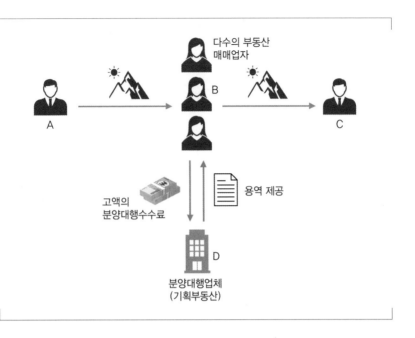

위의 구조를 설명하자면 A가 부동산매매업자 B에게 부동산을 매도하고, 부동산매매업자는 A로부터 취득한 부동산을 C에게 매도한다. 이때 분양대행업체 D는 분양 관련 용역을 부동산매매업자 B에게 제공하고, 부동산매매업자는 분양대행업체에게 고액의 분양대행수수료(매도가액의 80%에 달하는)를 지급한다. 결국 기획부동산은 실제 부동산의 취득 없이 A에게 취득한 부동산을 C에게 고가로 매각하는 효과를 누린다.

일반적으로 이러한 구조를 짜는 이유는 영농법인이 아닌 법인은 농지를 취득할 수 없기 때문이다. 기획부동산이 개인을 통해서 농지를 취득하고, 기획부동산은 분양대행업체로 둔갑하여 분양대행 용역을 제공하고 그에 따른 수수료를 수취한다. 그리고 그때 수취하는 분양 대행수수료를 극대화하여 부동산매매업자들에게는 부동산 매각에 따른 이익이 거의 발생하지 않게 만드는 반면, 대부분의 이익이 분양 대행업체에 귀속되게 하는 것이 이 구조의 핵심이다.

4 문제의 본질(거래의 실질과 형식)

이 구조를 직관적으로 설명하자면, 아래의 그림과 같다.

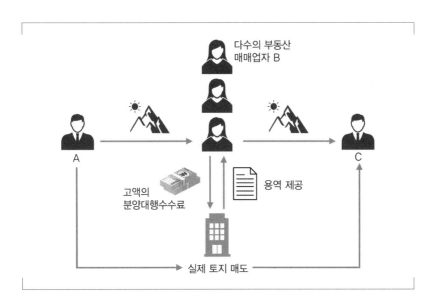

기획부동산의 거래는 회색 줄과 같은 형식으로 이루어졌으나, 그 실질은 파란색 줄에 따라 거래한 것으로 보아야 함이 타당할 것이다. 결국 거래의 외관과 그 실질이 다른 것이다. 위 거래 구조는 기획 부동산이 주도적으로 구성하며, 거래에 필요한 세금 및 운영자금 역시 기획부동산에서 나온다. 그리고 기획부동산은 거래의 단계별 각 행위자에게 구체적인 지시사항을 내리며 거래의 전반을 관리한다.

독립적으로 보이는 거래가 결국 기획부동산의 주도하에 이루어지는 것이다.

위와 같은 구조에 문제가 없을까?

5 조세심판원과 법원의 입장

위와 유사한 구조에 대한 법원의 판결 및 결정례 등이 있어 소개하고자 한다.

부동산매매업자가 용역위탁계약에 따라 판매직원들에게 지급한 판매촉진비를 부동산매매차익 계산 시 필요경비로 공제하였다. 이에 과세관청은 쟁점 판매수당으로 지급한 판매촉진비는 소득세법상 열거된 비용에 해당하지 아니하여 부동산매매차익에 대한 필요경비로 공제될 수 없다고 주장하였다. 이에 대해 법원은 다음과 같은 결정을 하였다.

수원지방법원 2016. 1. 14. 선고 2015구합500 판결 [국패]

소득세법 시행령 제165조 제5항 제1호 다목은 '중개수수료' 대신 '소개비'라는 용어를 사용하고 있으므로 공인중개사에게 지급하는 돈 외의 비용도 소개비로서 공제대상이 될 수 있는 점, 부동산매매업자의 경우 다수의 양도거래를 위해 중개수수료 외에 판매촉진활동이 필요할 수 있는데 판매직원들이 토지의 입지조건 등을 설명하여 매수를 유도하는 역할을 하므로 이는 실질적으로 부동산의 양도를 위해 지출되는 비용으로 볼 수 있는 점, 위와 같이 판매촉진비로 지출되는 부분은 실질적으로 부동산매매업자의 소득으로 볼 수 없음에도 비교과세제도에 따라 양도소득세액에 상당하는 금액을 종합소득세로 부과하면서 이를 필요경비로 공제하지 아니하는 것은 소득으로 볼 수 없는 판매촉진비 부분도 과세대상으로 삼는 것이어서 부당한 점, 위탁계약을 체결한 후 판매촉진활동을 하는 판매직원들은 부동산매매업자와 독립된 사업자로 봄이 상당한 점 등에 비추어, 부동산매매업자가 판매직원들로 하여금 불특정 다수인을 상대로 판매대상 토지의 입지조건, 개발가능성 및 매매조건 등을 설명하고 매수를 유도하는 등의 판매업무를 수행하게 한 다음 그 대가로 지급한 기본용역료, 수당과 시상금은 부동산매매업을 위하여 필수적으로 소요되는 비용으로서 토지를 양도하기 위하여 직접 지출한 소개비에 해당하므로, 구 소득세법 제64조 제1항 제2호 가목에서 규정한 '주택 또는 토지의 매매차익'에 대한 세액을 산출할 때에 필요경비로서 공제되어야 한다(대법원 2015. 3. 12. 선고 2014두14198 판결 참조).

위 인정사실에 의하면, 원고가 판매직원들에게 지급한 판매촉진비는 원고가 부동산매매업을 영위하기 위하여 필수적으로 소요되는 비용으로서 토지를 양도하기 위하여 직접 지출한 소개비에 해당하므로 토지의 매매차익에 대한 세액을 산출함에 있어서 필요경비로서 공제되어야 하고, 토지를 직접 판매하지 아니한 팀장, 본부장도 팀원의 구성 및 활동장려를 통해 판매촉진에 기여한 것으로 볼 수 있으므로 이들에게 지급된 판매촉진비 역시 필요경비에 포함되어야 한다.

위 판례에 따를 경우 판매직원들에게 판매수당으로 지급한 판매촉진비는 부동산매매업을 영위하기 위해 필수적으로 소요되는 비용으로 볼 수 있어 부동산의 매매차익에 대한 세액을 산출함에 있어 필요경비로 인식됨이 타당하다고 판단하였다.

해당 사안에서 법원은 결국 거래의 구조를 인정하였고, 납세자의 손을 들어주었으며 판매수당을 필요경비로 인정하였다.

아래 대법원 판례는 양도가액의 70%, 양도차익의 97%에 달하는 분양대행수수료(부동산 등을 대신 매각해 주고 받는 수수료)를 특수관계 법인에 지출한 경우로서 과세관청에서 분양대행수수료가 과도하다고 판단하여 비용을 부인한 사례이다. 이에 납세자는 불복절차를 거쳐 행정소송을 제기하였고, 그 결과는 다음과 같다.

대법원 2013. 2. 15. 선고 2012두942 판결

그러나 원고가 이 사건 토지를 양도함에 있어 소외 회사에게 분양대행수수료를 실제 지출한 것으로 인정할 수 없다고 본 원심의 판단은 앞에서 본 법리에 비추어 수긍하기 어렵다. 즉, 원심이 인정한 사실이나 적법하게 채택된 증거들에 의하면, 원고와 소외 회사 사이에서 원심이 인정한 바와 같은 내용으로 이 사건 토지에 관한 분양대행용역계약서가 작성되어 있을 뿐만 아니라, 소외 회사가 그 계약서 내용대로 이 사건 토지를 분양받은 매수인들로부터 소외 회사의 계좌로 매매대금을 받아 그중 평당 ○○○원 으로 계산된 ○○○원 상당을 원고에게 지급한 사실이나 소외 회사가 이 사건 토지를 분양하고 그 실적을 올린 판매원이나 원고를 포함한 임원들에게 판매수당을 지급한 사실이 소외 회사의 통장내역이나 원천징수내역 등에 의하여 확인되고, 세무신고 내용도 이에 부합하며, 나아가 소외 회사는 2008. 7. 31. 원고에게 이 사건 토지를 매도한 이○○과 사이에 이 사건 토지가 포함된 이천시 부발읍 ○○리 ○○○ 토지 등에 대하여 토지 분양대행용역계약을 체결할 때에도 원고와 거의 동일한 조건으로 계약을 체결하면서, 다만 분양대행수수료를 평당 ○○○원을 초과하는 부분으로 정하였을 뿐이고, 이 사건 토지 외의 다른 토지의 매도인들과도 원고나 위 이○○와의 토지분양대행용역계약과 비슷한 형식과 조건으로 토지분양 대행용역계약을 체결하였음을 알 수 있다. (중략) 이러한 사정들을 모두 종합하여 보면, 원고와 소외 회사 사이에 토지분양대행용역계약이 체결된 사실이나 원고가 그 계약에 따른 분양대행수수료를 지출한 사실을 부정하기는 어렵다고 할 것이다. 따라서 원고가 소외 회사와 특수관계에 있음을 들어 부당행위계산부인에 의하여 시가를 초과하는 부분을 부인할 수 있는지 여부는 별론으로 하고, 판시와 같은 사정만으로 원고가 소외 회사에 분양대행수수료를 지출한 사실 자체를 부정한 원심 판결에는 논리와 경험의 법칙에 반하여 자유심증주의의 한계를 벗어난 위법이 있다고 하지 아니할 수 없다.

위 대법원 판례는 토지분양대행계약서가 작성되어 있고 분양회사가 분양대금 중 계약서상 기재된 가액으로 계산된 금액만을 원고에게 지급한 점 등에 비추어 토지분양계약이 체결된 사실이나 분양대행수수료를 지출한 사실을 부정하기는 어려우므로 분양대행수수료를 필요경비로 인정하지 아니한 처분은 위법하다고 판시하였다.

위 판례에서 대법원은 결국 양도가액의 70%, 양도차익의 97%에 달하는 분양대행수수료를 필요경비로 인정한 것이다.

그렇다면 조세심판원은 어떨까?

조세심판원 역시 대법원과 마찬가지로 합리적인 수준 이상으로 분양대행 수수료를 지출한 경우 이를 필요경비로 인정했을까?

이와 관련한 최근 결정례가 있어 소개하고자 한다.

A는 취득한 부동산을 분할하여 일정 기간 동안 8회에 걸쳐 각 양도하면서 분양대행법인에게 분양가액의 87%에 달하는 분양대행 수수료를 지급하였고 이를 필요경비로 계상하여 양도소득세를 신고 및 납부하였다.

과세관청은 청구인이 양도소득세 신고 시 계상한 분양대행수수료를 쟁점 부동산의 필요경비에 해당되지 아니하는 것으로 보아 이를 부인 하도록 처분지시를 하였고, 처분청은 이를 필요경비에서 제외하여 A에게 양도소득세를 경정·고지하였다. 그리고 A는 이에 불복하여 심판청구를 제기하였다.

이에 대해 조세심판원은 다음과 같이 결정하였다.

조심 2019중0266, 2019. 4. 10.

이 건의 경우 청구인과 ○○○ 간에 분양대행용역계약서가 작성되었고 ○ ○○가 쟁점부동산 분양대금에서 쟁점비용을 제외하고 청구인에게 잔액을 지급한 점을 감안하면 분양대행용역계약이 체결된 사실이나 청구인이 쟁 점비용을 실제 지출한 사실을 부인하기 어려운 점, 청구인과 ○○○는 특 수관계에 있지 아니하고 ○○○는 쟁점비용에 대하여 부가가치세 및 법인 세 신고·납부뿐만 아니라 텔레마케터에 대한 급여 및 수당 등에 대하여도 적법하게 과세관청에 제세신고를 하였던 점에서 쟁점부동산 매각은 조세 회피목적에서 이루어진 거래로 보이지 아니하는 점, 쟁점비용이 양도(분 양)가액 대비 고율로 지급되었다고 하나 이는 분양대행사인 ○○○의 역할 과 노력에 의하여 쟁점부동산을 높은 가격에 분양하여 추가적으로 발생한 수익에 대응하는 비용으로 보이는 점, 청구인이 ○○○에게 의뢰한 쟁점 부동산 분양대행용역에는 텔레마케터 급여와 각종 수당, 사무실 임료 등 경험칙상 일정 경비가 소요될 것이 당연히 예상되는 점 등에 비추어 이 건

분양대행계약이 조세포탈 목적으로 명목상으로만 체결되었다거나 쟁점비용의 지급이 지나치게 과도하여 경제적 합리성이 없는 비정상적인 거래에 해당한다고 섣불리 단정하기는 어렵다고 판단된다(대법원 2017. 1. 25. 선고 2016두50686 판결 참조).

텔레마케터들이 불특정 다수인을 상대로 판매업무를 수행한 것에 대한 대가로 지급한 수당 등은 부동산매매업을 영위하기 위하여 필수적으로 소요되는 비용으로서 토지를 양도하기 위하여 직접 지출한 소개비에 해당하는 점(대법원 2015. 3. 12. 선고 2014두14198 판결 참조) 등에 비추어 이 건 쟁점비용은 「소득세법 시행령」 제163조 제5항 제1호 다목 소정의 소개비에 해당한다 할 것이므로 처분청이 쟁점비용을 쟁점부동산 양도를 위해 직접 지출되지 않은 비용으로 보아 필요경비 불산입하여 양도소득세를 부과한 처분은 잘못이 있는 것으로 판단된다.

조세심판원 역시 대법원과 같은 취지에서 실제 계약이 있었던 점 그리고 분양대행수수료를 지급한 점, 텔레마케터에게 수당 등을 적법하게 지급하고 이에 대해 과세관청에 신고한 점 분양대행수수료가 수익에 대응하는 비용으로 보이는 점 등으로 보아 분양대행법인에 지급한 분양대행수수료는 소개비로서 필요경비 공제 대상으로 보았다.

결국 다수의 판결문 및 심판원 결정례에서 고액의 분양대행수수료를 필요경비로 인정하고 있다는 것이 확인되었다.

선 결정례와 법원 판례

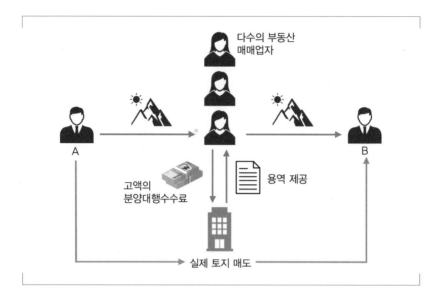

이와 같은 상황에서 여러분이 과세관청의 세무조사관이라면 이러한 구조에 대해 실질과세 원칙을 적용하여 과세할 수 있을까?

이미 수많은 판례 및 결정례들이 산적해 있는 이러한 구조에 메스를 대기란 여간 부담스러운 일이 아닐 것이다. 자칫 잘못하여 무리한 과세로 과세품질에 문제가 될 수 있으며, 불복 단계에서 승산이 낮은 지루한 싸움을 이어나가야 하기 때문이다.

필자가 조사공무원이었더라도 이러한 상황에서의 과세 유지는 쉽지 않았을 것이다. 도리어 과세를 포기하고 다른 일에 집중했을 가능성이 높다.

그런데 실제로 ○○세무서의 A조사관이 이러한 사례에 대해 과감하게 과세했다.

실질과세에 따라 과세한다면 기획부동산이 부동산을 매입하여 제3자에게 매도한 것으로 보아 법인세를 계산하며, 실제 분양대행 수수료의 제공 및 부동산매매업자의 부동산 매도는 없는 것으로 보아 세금을 재계산한다.

문제는 세금만 있는 것이 아니다. 본 건에 대해서 분양대행용역의 제공이 없었던 것으로 본다면 조세범 처벌법 제10조 제3항에 따라 3년 이하의 징역 또는 공급가액에 부가가치세의 세율을 적용하여 계산한 세액의 3배 이하에 상당하는 벌금에 처해질 수 있는 것이다.

○○세무서의 과세 처분에 대해 납세자는 바로 불복하였다.

이에 대해 조세심판원은 다음과 같이 결정하였다.

조심 2019서3354, 2020. 11. 13.

이상의 사실관계 및 관련 법률 등을 종합하여 살피건대, 청구법인과 ○○○ 등이 맺은 쟁점약정서를 보면 토지매매계약체결대행 및 매매대금계약금, 중도금, 잔금수령 등의 일체를 ○○○ 등이 청구법인에게 위임한 것으로 나타나고, '분양계약체결은 ○○○ 등이 진행하되 계약서 작성 시 매도인란은 ○○○ 등으로 한다.'라고 약정한 사실로 볼 때 쟁점토지의 분양과정 전반을 청구법인이 주도적으로 수행한 것으로 보이는 점, 청구법인의 대표이사 ○○○ 등의 심문조서나 문답서에 의하면 쟁점토지를 「농지법」위반 등의 사유로 ○○○ 등의 명의로 취득했다고 확인한 사실이 있는 점,

○○○ 등이 쟁점토지 매매계약서의 계약당사자라고는 하나 매입자금 조
달측면에서 보면 청구법인이 직접 대여해 주거나 금융기관을 알선해 주는
등 ○○○ 등이 한 것이라고는 부동산매매계약서에 자신들 명의로 자필
서명한 것과 금융기관에서 대출을 실행할 때 자신들이 수기로 작성한 대
출신청서 이외에는 특별히 기여를 했다고 볼 만한 사정이 없어 보이는
점, 또한 ○○○ 등이 쟁점토지의 매입자금을 청구법인으로부터 차입하면
서 차용증을 작성한 사실이나, 회수기간을 정한 사실, 이자를 지급한 사
실, 담보를 제공한 사실 등 일반적인 차입과정을 거치지 않아 그 차입과
정 또한 이례적인 것으로 보이는 점, ○○○ 등이 쟁점토지를 매매계약한
시점부터 사업자등록신청, 농지취득자격신청, 청구법인과 쟁점토지에 대
한 분양대행약정을 체결한 시점까지의 기간이 대략 3개월 이내의 단기간
에 이루어져 ○○○ 등이 실질적으로 쟁점토지를 취득하여 보유하다 분양
한 것인지 불분명해 보이고, 오히려 청구법인이 ○○○ 등의 명의로 쟁점
토지를 취득하여 수분양자에게 분양하고 그 이익을 취한 것으로 볼 여지
가 있는 점, 쟁점토지의 분양과 관련하여 ○○○ 등이 최종적으로 가져갈
이익의 몫은 평당 약 ○○○원선으로 청구법인이 취한 이익(분양이익금의
○○○ 수준)에 비하여 상대적으로 적은 금액이어서 ○○○ 등이 받은 이
익금 명목이 명의대여 등에 따른 대가로 보이는 점, 행정재판은 검찰의
불기소처분 사실에 의하여 구속받는 것이 아니고 증거에 의한 자유심증으
로 그와 반대되는 사실을 충분히 인정할 수 있는 것이고(대법원 1987.
10. 26. 선고 87누493 판결 등 참조), 검찰의 조세범 혐의사건에 대한
기소 여부는 범죄의 구성요건충족 여부 등에 관한 판단에 따라 결정되는
것으로서 세법에 근거한 조세의 부과처분과는 그 기준 및 관점이 다르므
로 검찰의 불기소 처분이 있다 하여 그것이 바로 과세처분의 부당함을 의
미한다 할 수는 없는 점(조심 2008부3220, 2008. 11. 28. 참조) 등
에 비추어 볼 때 처분청이 청구법인을 쟁점토지의 실질적 분양주체로 판
단하고 쟁점세금계산서를 사실과 다른 세금계산서로 보아 가산세를 부과
한 당초 처분은 달리 잘못이 없는 것으로 판단된다.

조세심판원은 토지의 분양과정 전반을 기획부동산이 주도적으로 수행한 것으로 보이는 점, 부동산의 매도과정에서 부동산매매업자의 역할이 거의 없어 보이는 점, 청구법인이 부동산매매업자의 명의로 부동산을 취득하여 수분양자에게 분양한 것으로 보이는 점 등으로 보아 실질과세 원칙을 적용하여 기각(납세자 패) 결정을 하였다.

이 결정례가 이례적인 것일 수도 있다. 그러나 아무리 많은 판례와 조세심판원 결정례가 있더라도 사실관계의 차이 또는 담당 조사관과 대리인의 차이로 인해 과세가 유지되기도 또는 취소되기도 함에 대해 정확히 인지하여야 함을 알려주는 좋은 선례라고 생각한다.

7 선 결정례와 법원 판례는 법이 아니다

필자는 종종 Tax consultant들이 납세자들에게 안전한 컨설팅 이라고 주장하며 가방 속에서 비밀문서를 꺼내듯 판례 및 결정례를 꺼내어 납세자에게 보여주었다는 제보를 종종 듣는다.

하지만 위의 사례에서 보았듯이 특정 판례 및 결정례에서 이를 인정 했다고 하더라도 그 구조 자체를 안전하다고 생각하여서는 절대 안 된다. 또한 판례 및 결정례에서 납세자가 과세관청을 상대로 이긴 사례 들에서의 사실관계와 본인의 사실관계가 유사하다고 하더라도 사소한 사실관계의 차이가 과세의 도화선이 될 수 있음을 항상 인지하여야 한다.

또한 아무리 납세자가 승소한 사례라 하더라도 이는 분명 과세관청으로부터 세금이 과세가 된 것이고, 오랜 기간 다툼의 결과로 승소한 것이란 사실을 알아야 한다. 세금이 과세되는 순간 이에 대한 대응을 위해 많은 비용이 발생하고 적지 않은 시간과 노력 역시 투입되지만, 그 결과가 꼭 승소로 이어진다는 보장은 어디에도 없다.

과세가 된 다음이면 이미 늦었다. 그리고 납세자 입장에서 이러한 컨설팅이 안전하다고 진심으로 신뢰하고 있었다면 그 배신감과 행정적·사법적 타격으로 인해 납세자는 회복 불가능 상태까지 이를 수 있다.

우리 옛말에 "선무당이 사람 잡는다" 또는 "무식하면 용감하다."라는 속담이 있다. 컨설팅을 제대로 알고 적용해야 한다. 그럴 일은 없겠지만 세금과 국세청을 조금이라도 만만하게 생각했다가는 큰코다친다.

8 참고자료 - 컨설팅 경비와 필요경비 인식

실무상 컨설팅 경비와 관련하여 예기치 않은 문제가 자주 발생한다. 종종 Tax consultant가 다음과 같은 감언이설로 납세자를 현혹하기 때문이다.

고객님, 컨설팅 비용은 양도가액에서 차감하는 필요경비로 계상이 가능합니다. 그러므로 저희에게 컨설팅을 받으시고 컨설팅 비용을 필요경비로 처리하여 고율의 양도소득세 부담을 줄이는 것이 좋겠습니다.

다만, 실제 컨설팅 경비를 지급하지 않는 경우 문제가 될 수 있으니 필요경비로 처리하는 컨설팅 수수료는 무조건 계좌이체로 입금 부탁드립니다.

가끔 부도덕한 Tax consultant들은 위의 컨설팅과 더불어 컨설팅 수수료로 받은 금액의 일부를 돌려주는 페이백서비스를 함께 제공하기도 한다.

그렇다면 위 Tax consultant의 말은 맞는 것일까?

다음의 선례를 살펴보자.

울산지방법원 2019. 9. 19. 선고 2019구단1088 판결

따라서 이 사건 용역계약을 부동산의 가치 및 시세 분석이나 부동산매매 시 가격 협상 전략 등을 주된 내용으로 하는 전형적인 '부동산컨설팅 계약'으로 파악하는 한, 그 비용은 구 소득세법 및 동법 시행령에서 열거하고 있는 각 비용 중 어느 하나에 해당한다고 보기 어려우므로, 이를 양도소득의 필요경비로 보아 공제할 여지는 없다.

2) 다음과 같은 사정들에 비추어, 이 사건 비용이 구 소득세법 시행령에서 정한 '소개비'의 성격을 갖는다고 보기도 어렵고, 이에 반하는 증인 강○○의 일부 증언은 믿기 어렵다.

① 이 사건 용역계약서 제2조는 용역의 내용으로 "임대가치 분석, 임차인 분석, 임대료 분석, 임대업종 분석, 부동산 정책분석, 부동산

> 시세 분석, 지역부동산 시세 분석, 건축물 상태분석, 주변 매물 분석, 부동산 가치 분석, 미래활용방안 분석, 가치상승 방안연구, 부동산매매 시 가격 협상 전력"이라고 기재되어 있을 뿐 부동산중개 내지 소개와 관련된 용역 내용의 기재는 찾아보기 어렵다. 게다가 원고가 ○○○○○에 발급한 전자세금계산서에도 용역의 내용이 "부동산컨설팅 비용"이라고만 기재되어 있다.

위 판례의 취지는 소득세법상 필요경비는 소득세법 시행령 제163조 제5항에 열거되어 있으며 소득세법상 열거되어 있지 않은 컨설팅 비용은 필요경비로 보아 공제할 수 없다는 것이다. 즉, 소득세법상 필요경비는 열거주의에 따른다는 것이다. 그러므로 소득세법의 필요경비에 열거되어 있지 않은 컨설팅 경비는 필요경비로 인정받지 못할 가능성이 높다.

그렇다면 양도행위를 함에 있어 필수적으로 수반되는 컨설팅 비용은 필요경비로 인정받을 수 있을까?

해당 사례에서 조세심판원은 다음과 같이 결정하였다.

조심 2016서1293, 2016. 8. 16.

컨설팅 비용의 경우 청구인이 쟁점토지 지상에 대형판매시설을 건축하기 위하여 해당 부지의 개발타당성 사전검토, 매수인과의 협상전략 및 개발 방법의 장·단점 분석, 사업추진 시 도시계획 및 개발행위 인허가사항 등에 관한 용역수행의 대가로서 이는 쟁점사업권의 소유권과 직접 관련된 필요경비로 보이므로 그 과세표준 및 세액을 경정함이 타당하다고 판단된다.

위의 사례에서 조세심판원은 컨설팅 경비를 사업권의 소유권과 직접 관련된 비용으로 보아 필요경비로 인정했다.

위의 사례를 정리할 경우 컨설팅 경비를 필요경비로 인식 가능하느냐는 질문에 대해 다음과 같은 답변이 가능할 것으로 보인다.

소득세법상 필요경비는 열거주의를 취하고 있으므로, 소득세법에 열거되지 않은 컨설팅 경비는 원칙적으로 필요경비로 인식할 수 없다.

다만, 컨설팅 경비가 해당 자산의 소유권과 직접적으로 관련되고 지출 금액이 사회통념상 적정한 수준일 경우 예외적으로 필요경비로 인식 가능할 수 있다.

그러므로 단순히 세금을 적게 납부할 목적으로 필요하지 않은 컨설팅 약정 후 필요경비를 인식하는 경우 경비 자체가 부인될 수 있음에 대해 정확히 인지하여야 한다.

5 법인 활용 컨설팅

1 문제의 발단(자의적 거래구조 설계)

Tax consultant들이 종종 간과하고 있는 사실이 하나 있다. 바로 세금계산서의 무서움이다. 법인 컨설팅을 할 때 절세, 증여 또는 다른 필요에 의해 거래 구조를 짜는 경우가 종종 있다. 이때 거래의 실질과 동떨어지게 외형을 구성하고 세금계산서 등을 수취·발급하는 경우 문제가 크게 될 수 있다.

그 이유는 바로 세금계산서 때문이다.

법인 컨설팅을 하면서 법인을 설립하고 구조를 짜는 과정에서 서로 간의 매출 및 매입이 발생하고 그에 따른 세금계산서의 발행은 필수적인데, 자칫 잘못하여 거래의 실질과 동떨어진 세금계산서를 발급할 경우 사실과 다른 세금계산서 이슈로 인해 세법상 매입세액 불공제 또는 각종 가산세 부과는 물론 고의 및 부정행위 여부에 따라 심하게는 조세범 처벌법에 의거 벌금과 징역형이 병과될 수도 있다.

그렇기 때문에 법인의 거래 구조를 구성하여 컨설팅을 하는 경우 세금계산서 이슈를 잊지 말고 꼭 검토해야 한다.

그러면 중요한 세금계산서에 대해 알아보자.

2 사실과 다른 세금계산서 컨설팅

(가) 세금계산서 개요

부가가치세 제도는 일정 기간 중 각 사업자의 매출액 전체에 대해 세율을 적용하여 계산한 매출세액에서 매입 시 거래징수된 매입세액을 공제한 금액을 납부세액으로 정하는 '전 단계 세액공제법'을 채택하고 있는데, 그 전제로 공제할 매입세액을 증명하기 위한 세금계산서 제도가 필수적으로 요구된다.

세금계산서는 재화 등을 공급하는 사업자에게는 매출세액의 증빙 서류가 되고, 공급받는 사업자에게는 매입세액의 증빙서류가 되어 매입 세액의 공제를 통한 부가가치세액의 과세자료가 될 뿐만 아니라, 매출 과 비용을 증빙하는 증빙서류로서 법인세와 소득세 등의 과세표준 및 세액의 결정에 있어서도 중요한 과세자료가 되며, 세금계산서합계표도 세금계산서와 유사한 기능을 수행한다.

따라서 부가가치세 제도의 기초가 되는 세금계산서 및 세금계산서 합계표 제도가 제대로 운영되지 않으면 법인세, 소득세, 지방세 등의 정확한 과세표준 산정이 곤란할 뿐 아니라, 실질적 담세자인 최종소비자에 대한 조세의 전가가 원활하고 적정하게 이루어지는 것을 기대하기 힘들어, 결국 부가가치세 제도는 물론이고 세제 전반의 부실한 운영을 초래할 우려가 있다(헌재 2013. 12. 26. 2012헌바217 등 ; 헌재 2015. 7. 30. 2013헌바56 등 참조).

위의 내용은 [헌법재판소 2019. 11. 28. 선고 2017헌바504, 2018 헌바336(병합) 전원재판부 결정]의 일부이다. 판결문에 기재되어 있다시피 세금계산서 제도는 부가가치세 운영의 기초가 된다. 세금계산서 제도가 제대로 운영되지 않으면 부가가치세 외의 세목에 대한 정확한 과세 산정이 어려워지는 등 조세 시스템 전반에 악영향을 미치게 된다.

그러다 보니 세금계산서 이슈는 매우 중요하며 실무상 상당히 자주 등장한다.

현행 세법에 따를 경우 사업자가 재화 또는 용역을 공급할 때 필수적 기재사항(공급하는 사업자의 등록번호와 성명 또는 명칭, 공급받는 자의 등록번호, 공급가액과 부가가치세액, 작성연월일)을 적은 세금계산서를 그 공급을 받는 자에게 발급하여야 한다(부가가치세법 제32조).

그리고 사업자가 자기의 사업을 위하여 사용하였거나 사용할 목적으로 공급받은 재화 또는 용역에 대한 부가가치세액은 매입세액공제가 가능한데(부가가치세법 제38조), 세금계산서 또는 수입세금계산서를 발급받지 아니한 경우 또는 발급받은 세금계산서 또는 수입세금계산서에 필요적 기재사항의 전부 또는 일부가 적히지 아니하였거나 사실과 다르게 적힌 경우의 매입세액은 매출세액에서 공제되지 않는다(부가가치세법 제39조 참조).

다만, 발급받은 세금계산서의 필요적 기재사항 중 일부가 착오로 사실과 다르게 적혔으나 그 세금계산서에 적힌 나머지 필요적 기재사항 또는 임의적 기재사항으로 보아 거래사실이 확인되는 경우에는 매입세액공제가 가능하다(부가가치세법 시행령 제75조 참조).

(나) 세금계산서 관련 제재

1) 가산세

사업자가 아래 표의 사항 중 하나에 해당하면 가산세를 납부세액에 더하거나 환급세액에서 차감한다(부가가치세법 제60조 참조).

📝 세금계산서 등 관련 가산세

구분		가산세율
세금계산서(T/I) 불성실	가공 발급 및 수취	공급가액×3%
	미·위장·과다기재 발급 및 수취	공급가액×2%
	필요적 기재사항 미·부실기재	공급가액×1%
	지연발급(확정신고 기한 내)	공급가액×1%
	전자T/I 미발급	공급가액×1%
	본인 소유 타사업장 명의발급	공급가액×1%
전자T/I 발급명세 미(지연)전송		공급가액×0.5%(0.3%)
매출처별합계표 미(지연)제출·기재불성실		공급가액×0.5%(0.3%)

구분	가산세율
매입처별합계표 미제출·기재불성실·T/I 지연수취 등	공급가액×0.5%
신용카드매출전표경정제출 매입세액공제 가산세	공급가액×0.5%
사업자미등록, 타인명의등록	공급가액×1%
영세율신고불성실	무·과소신고액×0.5%

2) 조세범 처벌법

조세범 처벌법 제10조는 세금계산서 발급의무 위반에 대해 다음과 같이 적시하였다.

구분	제재
세금계산서 미발급, 거짓기재	1년 이하의 징역 또는 공급가액에 부가가치세 세율을 적용하여 계산한 세액의 2배 이하에 상당하는 벌금
계산서 미발급, 거짓기재	
매출처별세금계산서합계표 거짓기재	
매입처별세금계산서합계표 거짓기재	
가공 세금계산서 발급 및 수취	3년 이하의 징역 또는 공급가액에 부가가치세 세율을 적용하여 계산한 세액의 3배 이하에 상당하는 벌금
가공 계산서 발급 및 수취	
가공 거래에 따른 매출·매입처별 세금계산서합계표를 거짓으로 기재(부가)	
가공 거래에 따른 매출·매입처별 세금계산서합계표를 거짓으로 기재(법인 소득)	
가공 세금계산서 발급 등 알선행위	

3) 특정범죄 가중처벌 등에 관한 법률

특정범죄 가중처벌 등에 관한 법률(이하 '특가법')은 세금계산서 교부 의무 위반에 대해 다음의 가중처벌을 적시하였다.

특정범죄 가중처벌 등에 관한 법률 제8조의2

【세금계산서 교부의무 위반 등의 가중처벌】

① 영리를 목적으로 「조세범 처벌법」 제10조 제3항 및 제4항 전단의 죄를 범한 사람은 다음 각 호의 구분에 따라 가중처벌한다.

1. 세금계산서 및 계산서에 기재된 공급가액이나 매출처별세금계산서 합계표·매입처별세금계산서합계표에 기재된 공급가액 또는 매출·매입금액의 합계액(이하 이 조에서 "공급가액등의 합계액"이라 한다)이 50억 원 이상인 경우에는 3년 이상의 유기징역에 처한다.

2. 공급가액등의 합계액이 30억 원 이상 50억 원 미만인 경우에는 1년 이상의 유기징역에 처한다.

② 제1항의 경우에는 공급가액등의 합계액에 부가가치세의 세율을 적용하여 계산한 세액의 2배 이상 5배 이하의 벌금을 병과한다.

세금계산서 질서범으로 특가법의 대상이 되는 경우 공급가액 합계액이 50억 원 이상인 경우 3년 이상의 유기징역에 공급가액 등의 합계액에 부가가치세 세율을 적용한 세액의 2배 이상 5배 이하의 벌금을 병과한다. 즉, 벌금과 징역형이 동시에 처해진다. 또한 특가법 대상인 경우 통고 처분 없이 즉시 고발된다.

이때 특가법이 적용되는 세금계산서 범칙행위는 세무공무원의 고발이 있어야 기소가 가능(특가법 제16조)한 것인데, 특가법 제8조(조세포탈의 가중처벌)의 조세포탈범의 경우 세무공무원의 고발 없이도 기소가 가능하니 이점 유의하여야 한다.

실무상 일반 세무조사와 조세범칙조사의 무게는 다르다. 조세범처벌법 대상이 되는 경우 납세자는 징역형과 벌금형을 병과받을 수도 있기 때문에 납세자 입장에서 느끼는 부담감은 일반 세무조사와 비교하여 그 압박감과 세부담 측면에서 큰 차이가 있으니 참고하기 바란다.

(다) 실무상 빈번히 발생하는 사실과 다른 세금계산서

부가가치세는 재화 또는 용역의 공급에 따라 발생하는 부가가치에 대해 세금을 부과하는 것이고, 세금계산서는 재화 또는 용역을 공급하고 거래 사실에 대한 증빙을 수취하는 것이다. 여기서 부가가치세의 과세 대상이 되는 재화의 공급은 계약상 또는 법률상의 모든 원인에 의하여 재화를 인도 또는 양도하는 것을 말한다고 규정하고 있는바, 여기에서 말하는 인도 또는 양도는 부가가치세가 소비세의 일종인 점에 비추어 궁극적으로 재화를 사용·소비할 권한의 이전이 수반되는 것이어야할 것(대법원 1990. 8. 10. 선고 90누3157 판결 참조)이다.

그러므로 자료상의 가공 세금계산서 발급, 단순히 외형을 부풀리기 위한 순환거래 및 끼워넣기 거래 등은 재화의 소유권 내지는 사실상의 처분권이 실질적으로 이전되는 것이 아닌 것이므로 부가가치세법상 정상적인 매매거래로 인정하지 않는다.

1) 자료상

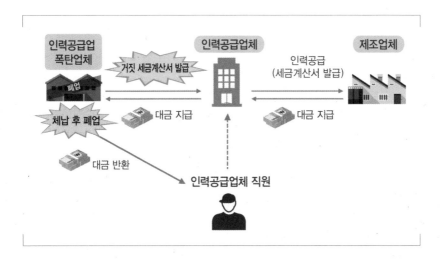

인력공급업 업체가 자료상, 소위 폭탄업체일 경우 폭탄업체는 실제 재화 및 용역의 제공 없이 가공 계산서 등을 발행하고 부가가치세 대신 공급가액의 5~7%에 달하는 수수료를 수취한다. 그리고 인력공급 업체는 폭탄업체로부터 발급받은 매입세금계산서로 매입세액을 부당하게 공제받고 세무서 등에 부가가치세 환급 등을 신청한다. 그리고 폭탄업체는 부가가치세를 체납하고 종적을 감추게 된다.

위의 과정에서 폭탄업체는 자료상 혐의 조사를 받게 되며, 자료상으로부터 세금계산서를 수취한 사업자는 매입세액 부당환급 혐의로 인해 부가가치세 정밀 조사를 받게 된다.

참고로 폭탄업체라 함은 탈세를 위한 페이퍼컴퍼니로서 가짜 세금 계산서를 사고 팔며 결국 폭탄업체 명의로 부과된 세금을 내지 않고 버티다 폐업하는 자료상을 일컬으며 법률상 용어는 아니지만 실무상으로 자주 쓰이는 용어이다.

국세청은 2010년 전자세금계산서 제도를 도입하고 전자세금계산서 발급상황을 실시간으로 감시함으로써 자료상 등 부당 거래자를 조기에 색출할 수 있는 전자세금계산서 조기경보 시스템을 개발해 2012년부터 운영 중이다.

자료상의 경우 매입 대비 매출이 과다하거나 특정기간 매출이 집중되는 경우, 동일 IP로 다수의 세금계산서가 발급되는 경우 등 그 특징이 중복적으로 발생하며 명백한 경우가 많다.

실무에서도 자료상은 지속적으로 발생하고 있으며 조기경보시스템을 통해 지속적으로 적출 및 조사, 고발하고 있는 거래유형이다. 실무에서는 한 업체가 자료상으로 발각되는 경우 거래 관련자들이 고구마의 줄기처럼 줄줄이 가공거래 대상업체로 색출되어 자료가 파생되는 경우가 많다. 그러므로 잠깐의 유혹으로 자료상으로부터 세금계산서를 수취할 경우 차후 문제가 될 가능성이 매우 높다는 사실을 자각하고 자료상과의 거래를 해서는 안된다.

2) 순환거래

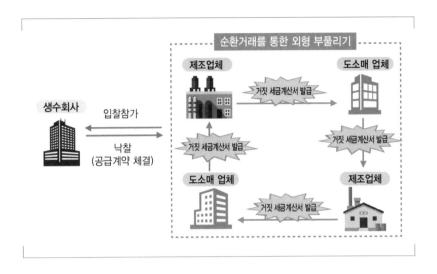

두 개 업체 또는 세 개 이상의 업체가 서로 유사한 금액을 실물거래 없이 세금계산서를 교부·수취하는 거래로 서로 매출과 매입이 같아 지므로 부가가치세 납부세액에는 영향을 미치지 않으며 단지 외형만 부풀려지는 효과가 발생한다. 일반적으로 목표 매출액 등이 있는 경우와 금융권 등으로부터 여신을 받기 위한 목적 및 상장유지 목적, 합병 시 유리한 조건을 만들기 위한 방편, 법인의 이익증대 등 분식결산 후 부당수익을 법인 사주 등이 착복하려는 의도를 갖는 등 부당하게 외형을 부풀려야 할 때 순환거래를 자주 사용한다.

순환거래에 대해 법원은 "그 **상품매출액**을 늘리려는 목적으로 거래 과정에서 형식적인 세금계산서와 대금결제 내역을 만드는 등 그 **거래의 외형을 창출**하는 것 외에는 거래와 관련하여 독립적인 이해관계를 갖는

거래당사자로서 위 거래 대상 물품의 소유권이나 사실상의 처분권을
상대방으로부터 인수하여 원고의 위험 부담하에 이를 다시 제3자에게
이전한 것으로 보기는 어렵다(서울고등법원 2013. 6. 13. 선고 2012누
28027 판결 ; 대법원 2013. 10. 31. 선고 2013두13686 판결, 심불
기각)."고 판시한 바 있다.

순환거래의 경우 세금계산서 수수업체들은 세금계산서를 발행하고
그에 따른 세금을 모두 납부·공제받기 때문에 순환거래 사실이 밝혀
지지 않는 경우도 종종 있으나, 조사가 개시되는 경우에는 곧 적발됨은
물론 과세 가능성이 매우 높은 유형의 거래이다.

3) 우회거래(끼워넣기 거래)

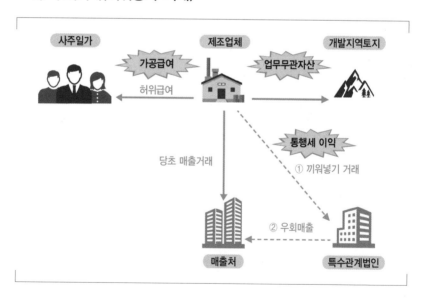

재화 또는 용역은 A업체에서 B업체로 공급되나 세금계산서는 중간자 C를 거쳐서 발행되는 거래를 끼워넣기 거래라고 한다. 주로 끼워넣기 거래를 하는 업체 상호 간 관계회사일 경우가 많으며, 특정 업체의 외형 부풀리기 또는 관계회사에 자금지원 목적으로 이용된다. 또한 적법한 거래 과정에 특수관계인(직계비속 등)을 끼워넣어 증여(통행세 이익)의 수단 및 대표자의 비자금 조성의 방법으로도 악용되는 거래의 형태이다.

끼워넣기 거래의 경우 실무상 실제 거래와 구분이 어려워 법적 다툼이 많이 발생한다. 재고에 대한 책임, 운송비 부담, 실제 업무가 이루어지는 곳 및 계약 내용 등 제반 사정을 종합적으로 검토하여 해당 거래가 끼워넣기 거래인지 아닌지에 대해 판단한다. 특히 중간 업체가 거래 과정에서 특별한 역할을 하고 있지 않으며 실질적으로 업무 수행에 관여한 내용이 없고, 단순히 경제적 이익 공여 목적 외에 특별한 목적이 없어 보이는 경우 이를 끼워넣기 업체로 볼 가능성은 매우 높다.

이에 대해 대법원은 "사실과 다른 세금계산서의 한 유형으로 중간자가 대금을 지급하고 재화의 공급을 받는 것과 같은 외관을 취하고 있지만 중간자의 거래는 형식에 불과하다고 볼 여지가 있는 '끼워넣기 거래'를 들 수 있고, 어느 일련의 거래과정 가운데 특정 거래가 실질적인 재화의 인도 또는 양도가 없는 명목상의 거래인지 여부는 각 거래별로 거래 당사자의 거래의 목적과 경위 및 태양, 이익의 귀속주체, 현실적인 재화의 이동과정, 대가의 지급관계 등 제반사정을 종합하여 개별적·구체적으로 판단하여야 한다(대법원 2012. 11. 15. 선고 2010두8263 판결 등 참조)"라고 판시하였다.

끼워넣기 거래의 경우 세금계산서불성실가산세는 물론 매입세액 불공제와 법인세 관련 이슈가 발생함은 물론 조세범 처벌법의 대상이 될 가능성이 매우 높으니 참고하기 바란다.

4) 사실과 다른 세금계산서에 대한 입증책임

재화 또는 용역을 공급하는 거래가 진성 거래였는지 아니면 궁극적으로 재화 등을 사용·소비할 권한의 이전이 수반되지 않은 거짓 거래였는지에 대한 입증책임은 누구에게 있을까?

일련의 거래과정 가운데 특정 거래가 「부가가치세법」에 정한 재화의 공급에 해당하는지 여부는 각 거래별로 거래당사자의 거래의 목적과 경위 및 태양, 이익의 귀속주체, 대가의 지급관계 등 여러 사정을 종합하여 개별적·구체적으로 판단하여야 하며,

그 특정 거래가 실질적인 재화의 인도 또는 양도가 없는 명목상의 거래라는 이유로 그 거래과정에서 수취한 세금계산서가 매입세액의 공제가 부인되는 「부가가치세법」 제17조 제2항 제1호의2가 규정하고 있는 '사실과 다른 세금계산서'에 해당한다는 점에 관한 증명 책임은 과세관청이 부담함이 원칙이다(대법원 1992. 9. 22. 선고 92누2431 판결 ; 대법원 2006. 4. 14. 선고 2005두16406 판결 등 참조).

그러나 필요경비의 공제는 납세의무자에게 유리할 것일 뿐 아니라 필요경비의 기초가 되는 사실관계는 대부분 납세의무자의 지배영역 안에 있는 것이어서 과세관청으로서는 그 입증이 곤란한 경우가 있으

므로, 그 입증의 곤란이나 당사자 사이의 형평을 고려하여 납세의무자로 하여금 입증케 하는 것이 합리적인 경우에는 입증책임을 납세의무자에게 돌려야 할 것이다.

따라서 납세의무자가 신고한 어느 비용 중의 일부 금액에 관한 세금계산서가 과세관청에 의해 실물거래 없이 허위로 작성된 것이 판명되어 그것이 실지비용인지의 여부가 다투어지고 납세의무자 측이 주장하는 비용의 용도와 그 지급의 상대방이 허위임이 상당한 정도로 입증되었다면, 그러한 비용이 실제로 지출되었다는 점에 대하여는 그에 관한 장부 기장과 증빙 등 일체의 자료를 제시하기가 용이한 납세의무자 측에서 이를 입증할 필요가 있다고 할 것이다(대법원 1994. 10. 28. 선고 94누5816 판결 ; 대법원 1995. 7. 14. 선고 94누3407 판결 ; 대법원 1996. 4. 26. 선고 96누1627 판결 등 참조).

이를 요약하면 해당 거래가 부가가치세법상 인정되는 진성 거래인지 거짓 거래인지에 대한 입증책임은 과세관청에 있는 것이나, 과세관청이 해당 거래가 거짓임을 상당한 정도로 입증한 경우라면 해당 거래가 정당한 거래임은 납세자가 입증해야 한다는 것이다.

3 면세점과 여행사, 따이궁 협업 사례

한동안 면세점에서 외국 보따리상, 소위 말하는 따이궁과 거래하는 과정에서 면세점에 따이궁을 소개해 주는 상위 여행사 그리고 그러한 업무를 위탁받거나 결제행위를 하는 하위 여행사까지 이어지는 거래 구조가 심심치 않게 등장하였다.

대략적인 구조는 다음과 같다.

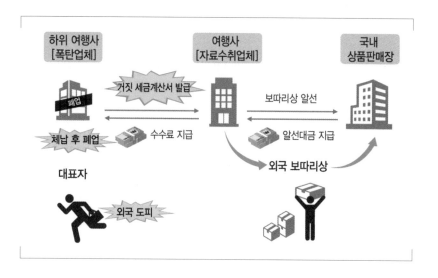

위의 구조에서 여행사는 면세점 등에 따이궁을 소개해 주고, 따이궁은 면세점 등에서 대량의 면세품을 구매한다. 그리고 면세점은 상위 여행사에 따이궁을 소개해 준 대가로 모객 수수료를 지급한다.

이 과정에서 상위 여행사는 따이궁에게 지급되는 판매수수료에 대한 부가가치세를 줄이기 위해 페이퍼컴퍼니인 하위 여행사를 설립하고 여러 단계의 중위 여행사를 끼워넣어 가공매입세금계산서를 수취함에 따라 위와 같은 사업구조가 형성되었고, 대다수의 하위 여행사는 자본금 납입 등의 능력을 갖추지 못한 한국계 중국동포를 대표로 내세워 설립됨에 따라 실질적으로 용역을 공급하지 않고 허위로 세금계산서를 수수한 폭탄업체로 변질됨에 따라 고액의 국세 체납을 초래하였다.

현재까지 이러한 거래 구조에서 하위 여행사들은 실제 모객용역의 제공 없이 세금계산서를 발급하고 발급받은 것으로 보아 부가가치세 조사를 통해 가공세금계산서로 과세처분(매입세액불공제 및 계산서 불성실 가산세 등) 및 조세범칙심의위원회를 거쳐 고발되었다. 그리고 조세심판원에서는 실제 용역의 제공 없이 계산서를 수수한 거래에 대해 국세청의 과세가 정당하다는 결정을 하였다(조심 2021서18912, 2021. 12. 22. ; 조심 2021중4621, 2021. 12. 6. 외 다수).

이와 같은 거래 구조를 취한 것에는 마지막 폭탄업체를 통한 부가 가치세 포탈을 위한 목적도 있었겠으나, 중간거래상들 입장에서는 부가 가치세 부담을 덜기 위한 수단으로 가공세금계산서가 사용된 것이다.

중간업체들이 약간의 수수료를 취하는 구조에서 면세점 등에서 모객에 따라 지급하는 막대한 송객수수료 매출에 따른 세금은 중간 업체들 입장에서 부담하기 어렵기 때문이다. 종종 무지로 인해 이러한 거래 구조 및 폭탄업체의 존재를 정확히 모르고 약간의 수수료를 취하기 위해 "문제 없다"라는 말에 속아 거래에 참여한 사람들을 만나곤 한다. 그분들의 저간의 사정을 듣다 보면 인간적으로 안타깝기 그지없다.

그러나 단순히 몰랐다고 하여 세금계산서와 관련한 각종 제재에서 벗어날 수 있는 것은 아니다. 가공세금계산서와 관련된 벌은 상당히 무겁다. 앞에서 설명한 바와 같이 세금계산서 이슈가 조세범 처벌법 및 특정범죄가중처벌 등에 대한 법률(이하 '특가법') 대상이 될 경우 납세자가 부담해야 하는 세금(본세·가산세) 및 가산금, 벌금, 형벌은 그 사람의 인생을 송두리째 뒤흔들 정도로 클 수 있다.

어떠한 목적에서 거래의 외형을 구성하고 그 외형에 따라 세금계산서를 발급하는 경우 그러한 행위가 거래의 실질과 괴리가 있다면 이는 언제고 당신을 압박할 수 있으니, 거래의 구성과 세금계산서 수수(授受)에 꼭 신중하여야 한다.

어떠한 이유에서건 사실과 다른 세금계산서의 발급 및 수취는 피하는 것이 정도이고 상책이다.

Chapter 3

재산제세 편

비영리법인을 활용한 양도소득세 컨설팅

1 종중 양도소득세 절세 방안

앞에서 컨설팅과 관련된 이야기를 했다. 절세를 위해서는 필요 경비를 늘리거나 세율을 줄이거나 세액공제금액을 높여야 한다.

이번에 소개할 사례는 세율을 낮춰 절세를 도모하는 컨설팅과 관련된 내용이다.

우리나라는 종중이라는 조직이 있다. 이는 사전에 "공동선조의 분묘의 보존, 제사의 이행, 종원(족인) 간의 친선·구조 및 복리증진을 도모하는 권리능력 없는 사단인 가족단체를 말한다."라고 정의되어 있다.

이러한 종중이 소유하고 있는 부동산을 매각하는 경우 종중은 소득세법상 양도소득세 부담자이며, 그에 따라 양도소득세를 신고 및 납부할 의무가 있다.

그런데 종중이 보유한 부동산은 과거 조상으로부터 대대로 내려오는 부동산이 대부분이다. 따라서 그 취득가액이 매우 낮은 경우가 많다. 그에 따라 실제 부동산 매도가액과 취득가액의 차이가 커서 고율의 양도소득세율(현행 지방소득세 포함 49.5%)이 적용되고 상당히 많은 세금을 부담하게 된다.

종중의 구성원 역시 사람이다. 절대 많은 세금을 부담하고 싶지 않을 것이다.

그래서 비영리법인에 대한 컨설팅이 나오게 되었다.

그 시작은 아래 법령이다.

국세기본법 제13조 【법인으로 보는 단체 등】

① 법인(「법인세법」 제2조 제1호에 따른 내국법인 및 같은 조 제3호에 따른 외국법인을 말한다. 이하 같다)이 아닌 사단, 재단, 그 밖의 단체(이하 "법인 아닌 단체"라 한다) 중 다음 각 호의 어느 하나에 해당하는 것으로서 수익을 구성원에게 분배하지 아니하는 것은 법인으로 보아 이 법과 세법을 적용한다. 〈2018. 12. 31. 개정〉
  1. 주무관청의 허가 또는 인가를 받아 설립되거나 법령에 따라 주무관청에 등록한 사단, 재단, 그 밖의 단체로서 등기되지 아니한 것

② 제1항에 따라 법인으로 보는 사단, 재단, 그 밖의 단체 외의 법인 아닌 단체 중 다음 각 호의 요건을 모두 갖춘 것으로서 대표자나 관리인이 관할 세무서장에게 신청하여 승인을 받은 것도 법인으로 보아 이 법과 세법을 적용한다. 이 경우 해당 사단, 재단, 그 밖의 단체의 계속성과 동질성이 유지되는 것으로 본다. 〈2010. 12. 27. 개정〉

일정한 요건을 갖춘 사단, 재단, 그 밖의 단체(단체 등)가 관할 세무서장에게 신청하여 법인의제 단체로 승인받는 경우 해당 단체 등은 법인으로 보아 세법을 적용한다. 즉, 수익이 발생하는 경우 법인세 과세대상이 된다는 것이다.

현재 개인에 대한 소득세율은 과세표준이 10억 원을 초과하면 45%의 세율이 적용되는 반면, 법인에 대한 법인세는 과세표준이 2억 원 초과 200억 원 이하인 경우 19%의 세율이 적용된다. 과세표준이 10억 원이 넘어갈 경우 소득세율과 법인세율의 차이가 2배 넘게 나므로 동일한 소득에 대해 개인은 법인에 비해 두 배 이상의 세금을 납부하게 되는 것이다.

법인의제 단체가 부동산을 매각하는 경우 특별한 혜택이 하나 더 있다. 바로 법인의제 단체가 고유목적에 사용하던 자산을 처분하는 경우이다. 아래의 법령을 확인해 보자.

법인세법 제4조 [과세소득의 범위]

③ 제1항 제1호를 적용할 때 비영리내국법인의 각 사업연도의 소득은 다음 각 호의 사업 또는 수입(이하 "수익사업"이라 한다)에서 생기는 소득으로 한정한다.

　5. 유형자산 및 무형자산의 처분으로 인한 수입. 다만, 고유목적사업에 직접 사용하는 자산의 처분으로 인한 대통령령으로 정하는 수입은 제외한다.

법인세법 시행령 제3조

② 법 제4조 제3항 제5호 단서에서 "대통령령으로 정하는 수입"이란 해당 유형자산 및 무형자산의 처분일(「국가균형발전 특별법」 제18조에 따라 이전하는 공공기관의 경우에는 공공기관 이전일을 말한다) 현재 3년 이상 계속하여 법령 또는 정관에 규정된 고유목적사업(제1항에 따른 수익사업은 제외한다)에 직접 사용한 유형자산 및 무형자산의 처분으로 인하여 생기는 수입을 말한다. (후략)

법인의제 단체가 고유목적사업에 3년 이상 사용한 자산의 처분으로 인한 수입은 과세대상이 아니다. 즉, 세금이 과세되지 않는다.

위와 같이 소득세율에 비해 낮은 법인세율의 적용 및 고유목적 사업에 사용하던 자산을 양도함에 따라 발생한 수익이 비과세되는 혜택에 따라 종중컨설팅이 탄생하게 된다.

2 문제의 발단(법인을 활용한 컨설팅)

"선산을 양도할 때 세금이 너무 많이 나옵니다. 절세할 수 있는 방안이 없을까요?"라는 질문에 Tax consultant는 다음과 같이 납세자에게 절세 컨설팅을 제공하였다.

대표님, 현재 종중의 선산을 양도하시면 거액의 양도소득세를 납부하셔야 합니다. 그러니 종중을 법인의제 단체(비영리법인)로 변경하시고 토지를 양도하여 법인세를 신고 및 납부하시는 것이 세금 측면에서 유리합니다. 거기에다가 종중의 토지가 고유목적사업에 사용하던 토지라면 세금의 부담이 없을 수도 있습니다.

다만, 양도대금을 구성원에게 분배하시면 안됩니다.

꼭 토지 매도 수익을 구성원에게 분배하여야 한다면 양도 후 2~3년이 지나서 배분하면 됩니다.

국세청에서는 법인의제 단체가 승인 취소되는 시기를 '승인취소통지를 받은 날'부터 법인으로 보지 않으므로(징세-753, 2010. 7. 29.) 승인 취소 전의 토지양도는 법인의 양도로 보아야 하기 때문입니다.

과연 Tax consultant의 컨설팅은 문제가 없는 것일까? 납세의무자가 선택한 거래의 법적 형식이나 과정이 처음부터 조세회피의 목적을 이루기 위한 수단에 불과한 거래로 볼 수 있을까?

우선 종중을 법인의제 단체로 승인받은 뒤 부동산을 양도하는 경우 얼마만큼의 절세 효과가 있는지 확인해 보자.

종중이 보유한 토지의 매도가액이 2백억 원이라는 가정하에 종중이 부담하는 세금을 비교하면 아래의 표와 같다.

구분	소득세	법인세	법인세(고유목적)
1. 양도가	20,000,000,000	20,000,000,000	20,000,000,000
2. 취득가	800,000,000	1,600,000,000[2]	1,600,000,000
3. 장기보유특별공제	5,760,000,000		
4. 과세표준	13,440,000,000	18,400,000,000	18,400,000,000
5. 산출세액	5,982,600,000	3,660,000,000	3,660,000,000
6. 부담세액	6,580,860,000	4,026,000,000	0

종중이 부동산을 양도하여 양도소득세를 부담하는 세액이 65.8억 원이고, 법인의제 단체로 승인받아 부동산의 양도에 따라 부담하는 세액이 40억 원이다. 이미 세율의 차이만으로 25.8억 원의 절세 효과가 발생하였다.

그런데 종중이 양도하는 부동산이 고유목적에 3년 이상 사용한 부동산이라면 부담세액은 0원이 된다. 부동산의 양도로 인해 발생하는 양도소득세에 비해 65.8억 원의 절세 효과가 나온다.

컨설팅 여부에 따라 부담하는 세금의 차이가 매우 큰 것을 확인할 수 있다.

---

[2] 법인, 서면인터넷방문상담2팀-720, 2006. 5. 2.
귀 질의의 경우 수익사업을 영위하는 비영리법인이 법인세법 제3조 제2항 제5호 및 구 법인세법 부칙(1998. 12. 28. 법률 제5581호) 제8조 제2항의 본문 단서규정에 의거 1990. 12. 31. 이전에 취득한 토지 및 건물을 2005 사업연도에 양도한 경우 수익사업 용이 아닌 것의 취득가액은 장부가액과 1991. 1. 1. 현재 상속세 및 증여세법 제60조 및 같은 법 제61조 제1항 내지 제3항의 가액으로 평가한 가액 중 큰 금액으로 할 수 있는 것이나, 취득가액이 불분명하여 확인할 수 없는 경우에 해당하는지 여부는 소관 세무서장이 사실조사한 후 판단할 사항입니다.

3 문제의 본질(비영리법인의 요건)

우리는 앞에서 종중이 법인의제 단체로 승인받아 부동산을 양도하는 경우 절세 효과가 상당함을 확인하였다.

그렇다면 종중이 법인의제 단체로 승인받아 부동산을 양도하여 세금을 절약하는 것이 문제가 될까? 필자의 견해로는 아니다.

그렇다면 위에서 소개한 종중재산 관련 컨설팅 중 어떤 부분이 문제가 될까?

그것은 바로 '분배'에 있다.

 국세기본법 제13조 【법인으로 보는 단체 등】

① 법인(「법인세법」 제2조 제1호에 따른 내국법인 및 같은 조 제3호에 따른 외국법인을 말한다. 이하 같다)이 아닌 사단, 재단, 그 밖의 단체 (이하 "법인 아닌 단체"라 한다) 중 다음 각 호의 어느 하나에 해당하는 것으로서 수익을 구성원에게 분배하지 아니하는 것은 법인으로 보아 이 법과 세법을 적용한다. 〈2018. 12. 31. 개정〉

　1. 주무관청의 허가 또는 인가를 받아 설립되거나 법령에 따라 주무관청에 등록한 사단, 재단, 그 밖의 단체로서 등기되지 아니한 것

② 제1항에 따라 법인으로 보는 사단, 재단, 그 밖의 단체 외의 법인 아닌 단체 중 다음 각 호의 요건을 모두 갖춘 것으로서 대표자나 관리인이 관할 세무서장에게 신청하여 승인을 받은 것도 법인으로 보아 이 법과 세법을 적용한다. 이 경우 해당 사단, 재단, 그 밖의 단체의 계속성과 동질성이 유지되는 것으로 본다. 〈2010. 12. 27. 개정〉

1. 사단, 재단, 그 밖의 단체의 조직과 운영에 관한 규정(規程)을 가지고 대표자나 관리인을 선임하고 있을 것 〈2010. 1. 1. 개정〉
2. 사단, 재단, 그 밖의 단체 자신의 계산과 명의로 수익과 재산을 독립적으로 소유·관리할 것 〈2010. 1. 1. 개정〉
3. 사단, 재단, 그 밖의 단체의 수익을 구성원에게 분배하지 아니할 것

국세기본법 제13조는 법인으로 보는 단체를 규정하면서 "수익을 구성원에게 분배하지 않는 것"을 그 요건으로 하고 있다.

그렇다면 수익을 구성원에게 분배한다면 해당 단체는 법인의제 단체로 볼 수 없으며, 그에 따라 법인세법을 적용하여서는 안되는 것이다.

그럼에도 불구하고 종중에서 거액을 받고 부동산을 매각하게 된다면 종중원들은 그 매각가액의 일부를 분여 받고 싶어 할 것이다. 그래서 일부 Tax consultant들은 아래의 예규를 근거로 종중의 부동산매도가액을 종중원에게 분배 가능하다고 컨설팅을 한다.

재조세-322, 2003. 12. 20.

국세기본법 제13조 제2항의 규정에 의하여 관할 세무서장으로부터 법인으로 승인을 얻은 법인격이 없는 단체가 동법 제13조 제2항 각 호의 요건을 갖추지 못하게 되어 그 승인이 취소된 경우 동법 시행규칙 제5조의2의 규정에 의한 단체의 승인취소통지서를 받은 날부터 법인으로 보지 않는 것임.

국세기본법(이하 "동법"이라 함) 제13조 제2항의 규정에 의해 관할 세무서장으로부터 법인으로 승인을 받은 법인격이 없는 단체가 동법 제13조 제2항 각 호의 요건을 갖추지 못하게 되어 그 승인이 취소된 경우 동법 시행규칙 제5조의2의 규정에 의한 법인으로 보는 단체의 승인취소통지서를 받은 날로부터 법인으로 보지 않는 것이므로, 당해 통지서를 받기 전까지 법인세법 제3조 제2항의 수익사업에서 발생한 소득에 대하여는 법인세법상 납세의무를 이행하여야 하는 것임.

일부 Tax consultant들은 위의 예규를 바탕으로 다음과 같이 설명한다.

"법인으로 승인받은 단체는 승인취소통지서를 받은 날로부터 법인으로 보지 않는 것이기 때문에 법인의제 단체가 부동산을 매각하는 것은 법인세법을 적용하여야 하는 것이므로 여전히 낮은 세율을 부담합니다. 결국 법인의제 단체가 토지를 양도한 것은 낮은 세율의 법인세만 부담하면 되니 걱정하지 마시고 이제 시간이 좀 경과하였으니 부동산 매각대금을 종중원에게 분배해도 됩니다. 지금 부동산 매각대금을 분배하여 법인승인 취소가 된다면 그 승인 취소가 되는 날은 승인취소통지서를 받은 날이니 이전의 부동산 매각에는 영향을 미치지 않습니다."

과연 Tax consultant의 컨설팅은 문제가 없을까?

4 문제의 해결(법인전환 및 부동산 양도)

법과 예규만 보았을 때 Tax consultant의 말은 일견 타당하다. 그러나 여기서 한가지 간과해서는 안되는 것이 있다. 그것은 바로 위와 같은 행위에 조세회피 목적 외에 다른 정당한 사유가 있었는지 여부이다. 위와 같이 종중을 법인으로 전환하여 토지를 양도하는 컨설팅을 통해서 절세를 도모하고 이를 종중원에게 분배하여 해당 단체가 법인의제단체가 아닌 단체가 되었을 경우, 이는 단순히 비영리법인을 통한 세금 회피로 볼 수 있다. 그러므로 과세관청은 실질과세 원칙을 적용하여 종중의 부동산 양도가 비영리법인의 양도가 아닌 것으로 보아 양도소득세를 추징할 가능성이 높다.

결국 종중부동산 양도 컨설팅의 경우 법인전환 및 부동산 양도 그리고 양도대금의 분배행위를 함에 있어 조세회피 목적 외에 다른 정당한 사유가 존재하였고, 납세자가 그 부득이한 사유가 존재하였음에 대해 과세관청 등을 납득시킬 수 있어야 하는 것이다.

절세 컨설팅에는 항상 과세 리스크가 존재한다. 단순히 눈앞의 절세효과에 매료되어 뒤에 있을 후폭풍을 생각하지 못한다면, 버티지 못할 거대한 세금의 파도에 휩쓸릴 수 있음을 항상 인지하고 신중하게 대응하는 것이 중요하다.

참고자료 1-유사종중의 법인의제단체 승인

필자가 비영리법인 관련 컨설팅을 조사하면서 흥미로운 결정례를 발견하여 소개하려 한다.

A종중은 ○○리 산 10,594㎡(쟁점토지)를 B에게 12억 원에 양도하고 A종중 명의로 양도소득세 예정신고를 한 이후, 처분청으로부터 국세기본법 제13조 규정에 따라 법인으로 보는 단체의 승인을 받고, 쟁점토지는 비영리법인의 고유목적사업에 직접 사용한 고정자산의 처분에 해당되어 법인세법상 과세소득에서 제외되므로 당초 소득세법을 잘못 적용하여 신고·납부한 양도소득세를 환급해달라는 내용으로 경정청구서를 제출하였다. 처분청은 A종중이 상증법 제12조 공익법인 등의 범위에 해당하지 않는다는 이유로 경정청구 거부 통지를 하였다.

납세자는 불복하여 심사청구를 제기하였고, 이에 국세청 국세심사위원회는 다음과 같이 결정하였다.

양도, 심사-양도-2018-0071, 2018. 10. 18.

청구 종중은 족보상 증조부 및 배우자의 산소 위치가 ***리로 기재되어 있어 쟁점토지에 산소가 있었다는 주장이나, 쟁점토지 및 인근 토지에 대한 연도별 항공사진에는 분묘로 보이는 곳이 2군데 소재하였으나 해당 토지의 소유자가 청구 종중인 '권'가가 아닌 '박'가이고, 달리 쟁점토지에 산소가 있었다는 사진, 지적도, 분묘표시 현황, 이장 관련 등 증빙을 제출하지 않은 점,

청구 종중 명의 계좌는 쟁점토지 양도일 2017. 4. 18. 이후인 2017. 9. 13.에 개설되었고, 쟁점토지 양도대금과 같은 거액이 입금된 사실이 없어 쟁점토지 양도대금을 청구 종중 명의 계좌로 관리하거나 양도대금이 청구 종중에 귀속되었다고 보기도 어려운 점,

청구 종중은 쟁점토지를 가족간 자전거래 형태로 여러 차례 소유권 이전 등기를 한 사유 등에 대한 합리적 주장이나 객관적인 증빙의 제출이 부족한 점 등을 종합하여 볼 때,

청구 종중이 쟁점토지를 3년 이상 계속하여 선조 묘역의 관리, 제사 봉행 등 청구 종중의 고유목적사업에 직접 사용하였다고 인정하기는 어렵고,

본 사건에서 처분청은 A종중이 급하게 만들어진 모의종중 또는 유사종중으로서 조세포탈을 목적으로 법인으로 보는 단체의 승인을 소급 신청하였다고 판단하였다. 결국 국세청의 국세심사위원들은 과세 관청의 손을 들어주었다.

진실은 당사자만이 알고 있을 것이나 심사청구 결정문에 적시된 사실관계 및 판단 등으로 미루어 보았을 때 이 모든 것을 주도한 ○○○은 절세 목적으로 급히 종중승인을 득하고 법인의제 단체로 전환하여 경정청구를 진행한 것으로 보인다.

아무리 세금 내는 것이 부담스럽다 하더라도 '안되면 말고' 식의 무모한 컨설팅은 국가 및 개인 각각의 시간 및 비용을 지출해야 하므로 상당히 소모적이라 할 수 있고, 분명 문제가 있어 보인다.

6 참고자료 2 – 법인의제 단체의 쪼개기 증여

종중이 소유한 땅이 수용되자 양도소득세를 줄일 목적으로 종중원 543명에게 쪼개기 증여를 하였다. 토지를 증여받고 3개월 이내에 수용되는 경우 토지의 증여재산가액은 매매사례가액이 되어 양도가액과 증여취득가액이 동일해진다. 결국 매매사례가액으로 증여세가 과세되고 양도소득세는 과세되지 않게 된다.

종중이 아무런 조치도 취하지 않고 토지가 수용된다면, 종중의 토지 양도에 따른 이익은 45%의 높은 세율을 부담할 가능성이 높다. 반면, 종중이 종중원에게 토지를 증여하고 이를 3개월 안에 양도할 경우 종중원 각자는 부동산가액이 5억 원 미만일 경우 20%의 낮은 증여세율만을 부담하게 된다.

그 차이는 매우 크다.

과세관청은 종중의 이와 같은 쪼개기 증여 행위에 대해 실질과세 원칙을 적용하여 "종중이 해당 토지를 양도한 후 종중원에게 증여"한 것으로 보아 과세를 시도하였고, 조세심판원은 결국 납세자의 손을 들어주었다.

해당 사건은 언론매체에도 기사화되었다.

문중 소유 땅 수용되자 양도세 줄이려 543명에 쪼개기 증여

조세심판원 "가장행위 없다면 적법한 행위"

종중소유 토지가 도시공사에 수용되는 와중 양도세액을 줄이기 위해 종중 구성원들에게 토지를 증여한 행위를 두고, 국세청이 수용토지의 양도세액을 회피한 것으로 보아 중중을 상대로 양도세액을 부과한 처분은 부당하다는 심판결정이 최근 내려졌다.

조세심판원은 "A 종중의 종중원들이 쟁점토지를 증여받고 관련 증여세를 부담했을 뿐만 아니라 해당 보상금 등을 수령한 후 다시금 A 종중에게 반환한 사실이 없는 등 형식과 실제에 괴리가 없다"고 사실관계를 판단했다.

또한 "국세청이 제시하는 증빙만으로는 쟁점토지의 증여행위가 당사자 간에 대한 증여의 의사가 전혀 없이 이뤄진 가장행위에 해당한다는 등 그 효력을 부인할 만한 사유가 입증됐다고 보기는 힘들다"고 과세처분이 잘못됐다고 심판결정했다.

출처: 한국세정신문(2019. 7. 16.)

본 사건에 대해 조세심판원은 다음과 같이 결정하였다.

조심 2018중3706, 2019. 7. 2.

이상의 사실관계 및 관련 법률 등을 종합하여, 먼저 쟁점①에 대하여 살피건대, 납세의무자가 경제활동을 함에 있어서는 동일한 경제적 목적을 달성하기 위하여 수 개의 법률행위 중에서 하나를 선택할 수 있고 그것이 과중한 세금의 부담을 회피하기 위한 행위라고 하더라도 가장행위에 해당한다고 볼 특별한 사정이 없는 이상 유효하다고 보아야 하는바, 청구 종중의 종중원들이 쟁점토지를 증여받고 관련 증여세를 부담하였을 뿐만 아니라 해당 보상금 등을 수령한 후 청구 종중에게 반환한 사실이 없어 형식과 실질에 괴리가 없는 것으로 나타나고 있는 반면, 처분청이 제시하는 증빙만으로는 쟁점토지의 증여행위가 당사자 간에 증여의 의사가 전혀 없이 이루어진 가장행위에 해당한다는 등 그 효력을 부인할 만한 사유가 입증되었다고 보기 어려우므로 청구 종중이 쟁점토지를 실제 ○○○에 양도한 것으로 보아 과세한 이 건 처분은 잘못이 있다고 판단된다.

과세관청은 종중이 양도소득세를 탈루하기 위해 쪼개기 증여 후 수용을 당하는 구조를 만들었다고 주장하였다. 그러나 본 건에 있어 과세관청이 종중에 대해 과세할 수 있는 조건을 구성하기 위해서는 종중이 소득세법 제101조 [양도소득의 부당행위계산] 제2항에 따른 과세 대상이어야 한다. 그러나 소득세법 제101조 제2항은 양도소득이 해당 수증자에게 실질적으로 귀속된 경우에는 적용하지 않는 것으로서 부동산을 543명에게 쪼개어 증여하고 이에 대한 수용대금이 실제 각 종중원에게 귀속되었다면 소득세법 제101조 제2항은 적용할 수 없는 것이다.

이와 유사한 사례에 대해 조세심판원이 다음과 같이 결정한 사례가 있으니 참고하기 바란다.

소득세법 제101조 제2항 적용(○)	소득세법 제101조 제2항 적용(×)
조심 2016부1260, 2016. 6. 30.	조심 2015중3327, 2016. 8. 22. 조심 2018중3706, 2019. 7. 2.
종중이 토지를 종중 대표 등 40인에게 증여 후 수증자는 ○○○주식회사에 수증 받은 토지를 매도	수용(협의매도)되기 전 종중원들에게 토지 증여 수증받은 토지가 수용됨.
토지매각대금이 각 종중원에게 귀속되지 아니한 채 사실상 청구 종중이 일괄처리 및 관리	토지매각대금이 종중원들에게 귀속
종중원의 명의를 통한 간접적인 방법으로 둘 이상의 행위 또는 거래를 거치는 방법으로 양도소득세를 부당하게 회피하기 위한 것이므로 경제적 실질내용에 따라 청구 종중에게 양도소득세 과세	납세의무자가 경제활동을 함에 있어서는 동일한 경제 목적을 달성하기 위하여 수 개의 법률행위 중 하나를 선택 가능 각 납세자가 증여세 부담, 대금 반환 사실이 없으므로 가장 행위로 볼 수 없음.

위 결정례의 차이점의 핵심은 바로 매도대금의 실질귀속이다. 종중이 토지를 종중원들에게 증여 후 해당 토지가 매도되는 경우 그 매도대금의 실질귀속이 토지의 수증자인 각 종중원인 경우 심판원은 납세자의 손을 들어주었다. 반면, 토지매각대금을 사실상 종중이 관리한 경우 심판원은 소득세법 제101조 제2항에 따른 과세관청의 과세는 정당하다고 결정하였다.

위와 같은 기조는 한동안 이어질 것으로 보인다.

이에 대해 다음과 같은 질의가 가능하다. "위와 같이 종중이 토지를 미리 증여하고 토지를 양도하는 것에 절세 목적 외에 다른 정당한 사유가 없으므로 과세가 가능한 것이 아닌가?"

이에 대해서는 담당 조사관마다 판단이 상이할 것이다. 어떤 조사관은 분명 문제가 있다고 판단하여 위와 같은 사례에 대해 과세를 한 것은 분명한 사실이기 때문이다. 그리고 과세를 당한 납세자가 이에 불복하여 심판청구를 거친 결과가 위와 같기 때문이다.

어떤 사례에 대해 일률적으로 "과세가 맞다 또는 틀리다"라고 말할 수는 없으나, 필자 입장에서도 실제 양도대금이 납세자들에게 각각 귀속되었음에도 이에 대한 과세는 법리해석의 오해가 있어 보인다.

2 법인을 통한 증여세 컨설팅

1 부동산의 주식화와 증여

부동산 증여의 가장 효율적인 수단은 무엇일까? 과거 부동산 증여의 방법 중 부동산을 법인에 현물출자한 후 주식을 증여하는 컨설팅이 들불처럼 번졌었다. 방법은 매우 간단하다. 부동산 법인을 설립하고 개인이 소유하고 있는 부동산을 법인에 현물출자하는 것이다. 그 과정에서 법인은 부동산을 취득하고 현물출자 당사자는 부동산의 현물 출자 대가로 주식을 수령한다. 이 과정을 간단하게 말하면 '부동산의 주식화'라고 할 수 있다.

부동산 법인의 장점은 매우 많았다. 부동산이 주식으로 전환됨에 따라 소유권의 이전(증여 양도)이 용이하며, 세법상 보충적 평가방법을 통하여 주식을 평가할 경우 여러 기법을 통하여 주식평가금액을 조절할 수 있다는 장점이 있다. 또한 양도소득세 이월과세 제도를 통해 개인이 부동산 현물출자에 따른 양도소득세를 부담하지 않으며, 부동산 법인의 주식을 취득하는 자는 취득세를 부담하지 않아 절세 측면에서도 매우 유용하였다. 주택의 경우에는 본인의 주택 수에 포함되지 않아 양도소득세 비과세 및 종합부동산세 절세까지 도모할 수 있다는 장점이 있다.

또한 부동산 법인의 대주주가 주주총회 등을 개최하여 가족을 한 자리에 모을 수 있고 배당을 조절할 수 있어 이러한 장치를 통해 본인의 지위와 재산을 유지할 수 있어 절세 측면에서뿐만 아니라 그 활용의 측면에서 역시 다양한 장점을 가진 방법이었다(초과배당을 통한 절세가 가능한 당시, 특히 절세 및 증여 측면에서 유용하였다).

그러나 지속적인 세법의 개정으로 법인전환에 따른 실익이 과거에 비해 현저히 줄어들었다.

2 부동산 법인의 실익이 적어진 이유

(가) 이월과세

조세특례제한법 제32조

【법인전환에 대한 양도소득세의 이월과세】

① 거주자가 사업용 고정자산을 현물출자하거나 대통령령으로 정하는 사업 양도·양수의 방법에 따라 법인(대통령령으로 정하는 소비성 서비스업을 경영하는 법인은 제외한다)으로 전환하는 경우 그 사업용 고정자산에 대해서는 이월과세를 적용받을 수 있다.〈2013. 1. 1. 개정〉

이월과세란 개인이 해당 사업에 사용되는 사업용 고정자산 등을 현물출자 등을 통하여 법인에 양도하는 경우 이를 양도하는 개인에 대해서는 소득세법 제94조에 따른 양도소득세를 과세하지 아니하고, 그 대신 이를 양수한 법인이 현물 출자받았던 그 사업용 고정자산 등을 나중에 양도하는 경우 개인이 사업용 고정자산 등을 그 법인에 양도한 날이 속하는 과세기간에 다른 양도자산이 없다고 보아 계산한 양도소득 산출세액 상당액을 차후 법인세로 납부하는 것을 말한다.

이월과세를 적용받는 경우 개인이 양도소득세를 부담하지 않게 되는 장점이 있는 반면, 이월과세 혜택을 받은 후 거주자가 법인전환으로 취득한 주식 또는 출자지분의 100분의 50 이상을 5년 이내에 처분하는 경우 사유발생일이 속하는 달의 말일부터 2개월 이내에 이월과세 받은 세금 전부를 양도소득세로 납부하여야 한다.

이월과세 효과를 유지하면서 주식의 전부를 이전하기 위해서는 최소한 5년의 기간이 필요하다. 그러므로 부동산의 가격이 지속적으로 상승한다는 가정하에 차후 더 큰 세금을 부담할 수 있다는 단점이 있다.

이러한 단점에도 불구하고 당장에 양도소득세 부담이 없고 차후 자산 가치 상승분에 대한 세금을 법인이 납부한다는 크나큰 장점으로 인해 이월과세는 여전히 매력적인 절세 조항이다.

다만, 지난 정권에서 주택에 대한 투기를 억제하기 위해 주택과 관련한 규제를 강화하자 법인 설립 후 주택을 현물출자하는 컨설팅이 유행하였고, 이러한 유행을 종식시키고자 2020년 12월 조세특례제한법 제32조 제1항 규정을 개정하였다. 따라서 2021년 1월 1일부터는 법 개정으로 인해 주택의 현물출자에 대해서는 이월과세를 적용받을 수 없게 되었다.

(나) 취득세 과세

지방세특례제한법 제57조의2

【기업합병·분할 등에 대한 감면】
④ 「조세특례제한법」 제32조에 따른 현물출자 또는 사업 양도·양수에 따라 2018년 12월 31일까지 취득하는 사업용 고정자산에 대해서는 취득세를 면제한다. 다만, 취득일부터 2년 이내에 대통령령으로 정하는 정당한 사유 없이 해당 사업을 폐업하거나 해당 재산을 처분(임대를 포함한다)하는 경우에는 면제받은 취득세를 추징한다. 〈2015. 12. 29. 개정〉

【기업합병·분할 등에 대한 감면】
④ 「조세특례제한법」 제32조에 따른 현물출자 또는 사업 양도·양수에 따라 2021년 12월 31일까지 취득하는 사업용 고정자산에 대해서는 취득세의 100분의 75를 경감한다. 다만, 취득일부터 5년 이내에 대통령령으로 정하는 정당한 사유 없이 해당 사업을 폐업하거나 해당 재산을 처분

(임대를 포함한다) 또는 주식을 처분하는 경우에는 경감받은 취득세를 추징한다. 〈2018. 12. 24. 개정〉

【기업합병·분할 등에 대한 감면】

④ 「조세특례제한법」 제32조에 따른 현물출자 또는 사업 양도·양수에 따라 2024년 12월 31일까지 취득하는 사업용 고정자산(「통계법」 제22조에 따라 통계청장이 고시하는 한국표준산업분류에 따른 부동산 임대 및 공급업에 대해서는 제외한다)에 대해서는 취득세의 100분의 75를 경감한다. 다만, 취득일부터 5년 이내에 대통령령으로 정하는 정당한 사유 없이 해당 사업을 폐업하거나 해당 재산을 처분(임대를 포함한다) 또는 주식을 처분하는 경우에는 경감받은 취득세를 추징한다. 〈2021. 12. 28. 개정〉

조세특례제한법 제120조(현재 삭제)에 따라 조세특례제한법 제32조에서 규정하고 있는 현물출자 또는 사업 양수·양도의 방법으로 법인 전환하는 경우, 법인이 2014년 12월 31일까지 취득하는 사업용 재산에 대해서는 취득세를 면제하였다.

해당 규정은 지방세특례제한법 제57조의2로 이관되었고, 개정을 통하여 법인이 현물출자 등을 통해 사업용자산을 취득하는 경우 취득세의 면제는 75%의 감면으로 그 혜택이 축소되었다.

그리고 2021년 12월 28일 위와 같이 취득세 감면 대상에서 부동산 임대 및 공급업을 제외하는 개정을 통하여 부동산임대 및 공급 법인은 법인전환의 과정에서 현물출자를 통해 법인이 부동산을 취득하는 경우에도 감면없이 취득세를 납부하게 되었다.

3 문제의 발단(주식 가치 낮추기)

위에서 설명하였듯 부동산을 주식으로 전환하여 증여하는 컨설팅의 장점이 다소 퇴색되었으나 부동산의 주식화는 여전히 장점이 많다. 그래서 Tax consultant들은 부동산의 주식화를 많이 추천한다(특히 일부 Tax consultant들은 부동산을 법인전환시켜 법인 기장과 조정 관련 용역을 동시에 수임하려는 목적으로 권장하는 경우도 있다).

특히 부동산의 주식화 컨설팅의 장점 중 비상장주식 평가 관련 법령 (상속세 및 증여세법 시행령 제54조)을 활용하여 주식의 평가 가치를 낮추는 규정은 여전히 시장에서 유용하게 사용하는 방법이다.

상속세 및 증여세법 시행령 제54조

【비상장주식 등의 평가】

① 법 제63조 제1항 제1호 나목에 따른 주식 등(이하 이 조에서 "비상장주식 등"이라 한다)은 1주당 다음의 계산식에 따라 평가한 가액(이하 "순손익가치"라 한다)과 1주당 순자산가치를 각각 3과 2의 비율[부동산과다보유법인(「소득세법」 제94조 제1항 제4호 다목에 해당하는 법인을 말한다)의 경우에는 1주당 순손익가치와 순자산가치의 비율을 각각 2와 3으로 한다]로 가중평균한 가액으로 한다. 다만, 그 가중평균한 가액이 1주당 순자산가치에 100분의 80을 곱한 금액보다 낮은 경우에는 1주당 순자산가치에 100분의 80을 곱한 금액을 비상장주식 등의 가액으로 한다.

④ 다음 각 호의 어느 하나에 해당하는 경우에는 제1항에도 불구하고 제2항에 따른 순자산가치에 따른다.

2. 사업개시 전의 법인, 사업개시 후 3년 미만의 법인 또는 휴업·폐업 중인 법인의 주식 등

3. 법인의 자산총액 중 「소득세법」 제94조 제1항 제4호 다목 1) 및 2)의 합계액이 차지하는 비율이 100분의 80 이상인 법인의 주식 등

다음은 위의 법령을 활용한 Tax consultant의 컨설팅이다.

Tax consultant

대표님, 부동산은 무조건 주식으로 전환하여 증여하시는 것이 유리합니다. 그 이유는 일반적인 부동산 증여의 경우 부동산의 시가를 기준으로 증여세가 과세되지만 부동산을 법인으로 전환하여 주식으로 증여하는 경우 평가 시 순자산가치의 80%로 평가받을 수 있기 때문입니다.

방법은 간단합니다. 법인 설립 후 3년이 경과한 다음 법인으로 대출을 일으키셔서 총 자산 중 부동산의 비율을 80% 미만으로 낮추세요. 그러면 비상장주식의 평가액은 순자산가치(자산－부채)의 80%로 평가될 것입니다.

이 방법은 법에 정해진 대로 하는 것이라 크게 문제가 없으니 저를 믿고 진행하시면 됩니다.

부동산을 증여하고 증여받는 각 입장에서 부동산의 평가금액을 20%라도 감소시킬 수 있는 방법이 있다는 것은 상당히 달콤하게 들리며, Tax consultant가 제시한 방법은 법령에 따라 평가한 것이므로 세법상 문제가 전혀 없어 보인다. 그렇다면 미래에 부동산의 일정 부분이라도 증여 의사가 있는 납세자는 절세 및 부동산의 증여를 고려하여 사전에 부동산의 주식화를 통해 증여계획을 세울 가능성이 높다.

그렇다면 위 Tax consultant의 컨설팅에는 문제가 없을까?

4 문제의 본질(진성채무와 가성채무)

앞에서도 설명하였지만 하나의 사실관계일지라도 보는 관점에 따라 그 판단은 상이할 수 있다. 그러므로 본 건 역시 누군가는 정당하다고 생각할 수 있는 반면, 누군가는 부당하다고 생각할 수 있다.

본 컨설팅에서는 다음의 이슈가 있다. "과연 법인이 주식평가금액을 낮추기 위해서 일으킨 채무를 진성채무로 볼 수 있을 것인가?"

만약 법인의 채무를 진성채무로 볼 수 있다면 이는 비상장주식 평가 시 자산가치에서 차감하는 채무로 인식됨이 옳은 반면, 단순히 주식 평가를 낮추기 위한 방안의 채무라면 이를 진성채무로 인정하지 않아 비상장주식 평가 시 해당 채무를 공제받지 못할 가능성이 있다.

처분청에서 법인이 비상장주식 평가 가치를 낮추기 위한 목적으로 받은 대출을 인정하지 않을 경우, 비상장주식의 평가는 다시 법인이 보유한 부동산의 순자산가치로 평가될 것이고 그에 따른 거래세가 늘어날 가능성이 높다.

과세관청에서는 해당 대출행위를 "조세회피 목적 외에 다른 정당한 사유가 없는 경우"로 볼 수 있기 때문이다.

5 문제의 해결(채무의 정당성과 실제 사용)

그렇다면 여기서 가능한 해결방안은 해당 채무를 실제 법인의 사업에 사용하는 것이다. 결국 해당 채무를 발생시킨 것이 단순히 조세회피 목적(비상장주식 가치 낮추기 위함)이 아닌 실제 법인의 사업상 필요에 있었다는 것을 납세자는 적극적으로 입증해야 한다.

과세관청의 과세가 꼭 법의 테두리 안에서 그리고 해당 건을 검토하고 있는 Tax consultant의 상식선에서 이루어질 것이라는 생각은 미리 접어두어야 한다. 왜냐하면 그 상식의 범위는 사람마다 상이하기 때문이다.

양도 전 증여의 절세 컨설팅

1 토지수용 및 보상 관련 컨설팅

토지수용이란 특정한 공익사업을 위하여 법률이 정한 절차에 따라 국가나 지방자치단체 또는 공공단체가 강제적으로 토지의 소유권 등을 취득하는 일을 말한다.

반면 토지보상이란 공익사업 시행으로 인해 토지 소유자, 관계인 등이 입은 손실을 보상하는 절차를 말한다.

그리고 토지수용 및 보상절차에 따라 정부나 지방자치단체 등이 지불하는 돈을 토지보상금이라 한다.

여러분은 이러한 토지수용, 토지보상하면 무엇이 떠오르는가? 여러 가지가 떠오르겠지만, 필자는 '알박기'가 가장 먼저 떠오른다.

알박기란 개발 예정지의 땅 일부를 먼저 사들인 뒤 매각을 거부하고 끝까지 버티다가 결국 사업자에게 시세보다 수십 배는 비싸게 되파는 부동산 투기 수법을 말한다. 중국에서는 다음과 같은 알박기 사례도 있었다고 한다.

<중국의 알박기 현장>

중국의 고속도로 공사과정에서 보상금액이 적다며 이사를 거부해 고속도로 설계를 변경하고 고속도로 개통이 수년간 지연됐다는 사진기사임.

(출처: 일요신문 2020. 8. 18.)

국내에서도 알박기 사례가 있을까?

필자는 다음의 사례도 알박기의 하나라고 본다. 일신상의 이익을 위해 다수의 선의 피해자를 양산한 건이기 때문에, 필자 입장에서는 특히 기억에 남는 사건이다.

세입자 1가구 이사 안해 개포 주공 1단지 올해도 종부세

재건축을 진행 중인 서울 강남구 개포동 개포주공1단지(5,040가구)가 세입자 한 명을 내보내지 못해 올해치 종합부동산세를 물게 됐다. 2016년 사업시행인가를 받은 이 단지는 작년 9월까지 주민 이주를 마칠 계획이 었다. 정부는 매년 6월 1일을 기준으로 보유세를 부과한다. 이날까지 전체 5,040가구 중 세입자 한 가구가 이주하지 않은 것으로 알려졌다.

행안부는 과세 적용에 예외를 둘 수 없다는 입장이다. 행안부 관계자는 "각 조합원의 이주 시기에 따라 과세 대상 부동산이 달라질 수 있다는 감사원 지적에 따라 2018년 1월부터 멸실일을 기준으로 과세하고 있다"며 "특정 사례 때문에 세법 적용에 예외를 두는 것은 현실적으로 어렵다"고 말했다.

(출처: 한국경제(2019. 6. 2.)

위의 사례를 간략히 설명하자면, 서울시 강남구 소재 개포주공 1단지에 대한 재건축을 진행하고 있던 도중 마지막 한 세대가 퇴거 명령에 불응하여 건물을 철거하지 못한 상태로 6월 1일(재산세 및 종합부동산세 과세기준일)이 도과된 것이다. 6월 1일 당시 해당 건물은 단전 및 단수 등으로 인해 어떻게 보면 주택으로서의 기능을 상실한 콘크리트 덩어리라고 볼 수 있었다.

그럼에도 불구하고 행정안전부의 변경된 해석에 따라 지자체는 해당 콘크리트 덩어리를 주택으로 보아 재산세를 과세했다.

재개발·재건축 구역 멸실 예정 주택 적용 기준 통보

(적용 기준) 「도시 및 주거환경 정비법」에 따른 재개발·재건축 사업이 진행되고 있는 경우 - "주택의 건축물이 사실상 철거·멸실된 날, 사실상 철거·멸실된 날을 알 수 없는 경우에는 공부상 철거·멸실된 날"을 기준으로 주택 여부를 판단하는 것이 타당. 다만, 통상적인 사업진행 일정에서 벗어나 조세회피 목적으로 의도적으로 철거를 지연하는 경우 등 특별한 사정이 있는 경우에는 달리 적용 가능

납세자 입장에서 재산세 과세 단계까지는 큰 문제가 없었다. 문제의 발단은 바로 종합부동산세였다. 종합부동산세는 국세청에서 징수하고 지방자치단체에 교부한다. 그런데 이 종합부동산세는 재산세의 과세 기준을 그대로 따른다. 결국 어떠한 건물에 대해 주택으로 재산세가 과세될 경우 그 건물에 대해서는 주택으로 종합부동산세가 과세된다. 따라서 개포주공아파트를 소유하고 있는 납세자는 철거되지 않은 콘크리트 덩어리가 주택 수에 포함되어 다주택자로서 종합부동산세 중과를 적용받게 된 것이다.

이렇게 콘크리트 덩어리가 주택 수에 포함됨에 따라 다주택자로 종합부동산세를 과세당한 납세자들은 이에 불복하여 조세심판원에 심판청구를 제기하였다.

납세자는 해당 건물은 단전 및 단수 조치가 이루어져 주택으로서의 기능을 상실한 건축물이며, 이러한 건축물을 주택으로 보아 과세하는 것은 실질과세 원칙에 반하여 부당하다고 주장하였다. 반면 처분청은

행정안전부의 변경된 지침에 따라 철거되지 않은 주택을 주택으로 보아 과세한 것이기 때문에 과세가 정당하다고 주장하였다.

이에 대해 조세심판원은 다음과 같이 결정하였다.

 조심 2019지3518, 2019. 12. 18.

지방세를 부과함에 있어서 주택에 해당되는지 여부는 사실상의 용도뿐만 아니라 건축물대장 등 공부상의 등재 현황도 함께 고려하여 판단하여야 하는 점, 취득세의 경우 아무도 거주하지 않고 철거가 예정되어 있는 주택이라 하더라도 그 현상을 유지하고 있는 경우에는 사실상의 현황이 분명하지 않다고 보아 공부상 등재 현황에 따라「지방세법」제11조 제1항 제8호에서 규정한 주택의 유상거래 세율을 적용하고 있는 점, 이 건 부동산과 같이 재산세 과세기준일(6. 1.) 현재 사실상 거주하는 자가 없고 단전·단수되어 정상적인 주거생활이 쉽지 않다고 하더라도 이러한 사실만으로 공부상 등재 현황과 사실상의 현황이 다르다고 단정할 수는 없는 점, 취득세와 재산세를 부과함에 있어 특별한 사정이 없는 한 동일한 과세물건에 대하여는 그 용도가 같은 것으로 보아야 할 것이므로 취득세 과세대상으로서 주택과, 재산세 과세대상으로서 주택은 같은 기준에서 판단하는 것이 조세형평의 원칙에 부합하는 점, 나아가 행정안전부는 감사원의 권고를 받아들여, 2018. 1. 2. 취득일 또는 재산세 과세기준일(6. 1.) 현재 주택 재개발·재건축에 따른 관리처분계획이 인가되어 입주자가 퇴거하였다 하더라도 건축물대장상 주택으로 등재되어 있고 주택의 구조 및 외형이 그대로 유지되고 있는 경우에는 주택으로 보아 취득세 및 재산세를 부과하도록 하는 지침(지방세운영과-1, 이하 "이 건 지침"이라 한다)을 지방자치단체에 시달하였고, 지방자치단체는 2018년도부터 주택의 경우 거주 여부에 관계없이 공부상 등재 현황에 따라 재산세 등을 부과하고 있는바, 만일 우리 원이 이 건 지침과 다른 취지의 결정을 하는 경우 재산세 부과에 있어 전국적으로 큰 혼란이 예상되는 점 등에 비추어 실제로 거주할 수 있는지 여부에 관계없이 공부상 주택에 해당하는 경우 이를 주택으로 보아 재산세를 부과하는 것이 합리적이라 할 것이므로 처분청이 이 건 부동산을 주택으로 보아 재산세 등을 부과한 처분은 달리 잘못이 없다고 판단된다.

위의 사례를 보면서 어떠한 생각이 드는가?

첫 번째는 재건축 진행 중에 5,040세대 중 단 한 세대가 퇴거하지 않고 버팀으로 인해 5,039세대가 금전적인 피해를 입은 것이 너무 안타까웠다.

두 번째는 본 건이 법에 따라 정당하게 결정되었는지 여부이다. 해당 부동산은 이미 단전 및 단수 조치가 이루어진 콘크리트 덩어리에 지나지 않았다. 주택으로서의 기능은 이미 상실하였고 더 이상 사람이 거주할 수 없는 건축물이었던 것이다. 그럼에도 불구하고 지자체는 해당 건축물의 공부(건축물대장)가 살아있다는 이유로 해당 건물을 주택으로 보아 재산세를 과세한 것이다. 그리고 조세심판원 역시 처분청의 손을 들어주었다. 여러분은 이해할 수 있는가?

조세심판원은 결정문의 마지막에 다음과 같이 기재하였다. "만일 우리 원이 이 건 지침과 다른 취지의 결정을 하는 경우 재산세 부과에 있어 전국적으로 큰 혼란이 예상되는 점 등에 비추어 실제로 거주할 수 있는지 여부에 관계없이 공부상 주택에 해당하는 경우 이를 주택으로 보아 재산세를 부과하는 것이 합리적이라 할 것"

조세심판원 역시 단전 및 단수 조치로 인해 주택의 기능을 상실한 콘크리트 덩어리를 주택으로 보아 과세하는 것은 무엇인가 과세의 하자가 있다고 생각했던 것으로 추정된다. 결국 대의적인 차원에서 이렇게 결정할 수밖에 없음에 대한 양심선언이 아니었을까?

부동산 규제에 사활을 건 정책과 복지부동의 행정이 빚어낸 하나의 웃지 못할 해프닝이라고 생각된다.

2 양도 전 증여 컨설팅

수용지구에서는 다음과 같은 현상이 자주 나타난다.

- 토지 소유자는 토지수용에 따른 양도소득세 발생
- 토지 등을 장기간 보유함에 따른 낮은 취득가액 적용
- 취득가액이 낮아 고액의 양도차익이 발생
- 고율의 양도소득세 세율 적용(현행 45% + 4.5%)

수용되는 토지가 매우 오래전에 취득한 것이라면 토지의 취득가액이 낮아 양도차익이 커지고 그에 따라 높은 세율이 적용된다. 결국 양도소득세를 많이 내게 된다는 것이다.

그리고 토지수용에 따라 부모님이 보상금을 지급받을 경우 자식들은 혹시라도 부모님으로부터 증여를 받을 수 있지 않을까 기대하게 되고, 부모 역시 증여를 고민하기도 한다.

이때 Tax consultant들은 다음과 같은 컨설팅을 제안한다.

고객님, 수용에 따라 다수의 현금 수입이 발생하실 예정인데 혹시 자식들에게 일부 증여하실 생각은 없으신지요?

만약 증여의 때가 있다면 지금이고, 증여 의사만 있다면 세금을 획기적으로 줄이면서 증여까지 할 수 있는 방법이 있습니다.

수용되기 전에 토지의 지분을 배우자, 자식 그리고 자식의 배우자에게 각각 증여하면 됩니다.

저를 믿고 진행하시면 절대 후회 없을 것입니다.

위의 컨설팅을 그림으로 표현하면 다음과 같다.

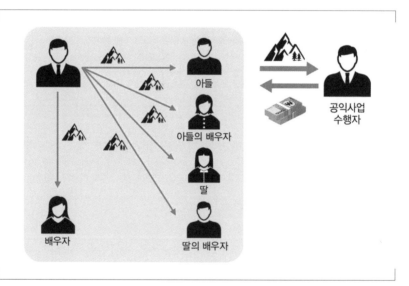

이 컨설팅의 핵심은 며느리와 사위 그리고 증여 후 3개월 내에 수용되는 것이다. 본 컨설팅에서 며느리와 사위가 중요하다. 그 이유는 배우자 및 직계비속의 경우 소득세법 제97조의2(이월과세)를 적용받아 증여자의 취득가액으로 양도소득세를 부담하여 과세표준을 분산하여 낮은 세율구간부터 적용받는 혜택 외에는 다른 괄목할 만한 이득이 없으나, 사위와 며느리는 세금 혜택이 다르기 때문이다.

소득세법 제97조의2

【양도소득의 필요경비 계산 특례】

① 거주자가 양도일부터 소급하여 5년[3] 이내에 그 배우자(양도 당시 혼인관계가 소멸된 경우를 포함하되, 사망으로 혼인관계가 소멸된 경우는 제외한다. 이하 이 항에서 같다) 또는 직계존비속으로부터 증여받은 제94조 제1항 제1호에 따른 자산이나 그 밖에 대통령령으로 정하는 자산의 양도차익을 계산할 때 양도가액에서 공제할 필요경비는 제97조 제2항에 따르되, 취득가액은 그 배우자 또는 직계존비속의 취득 당시 제97조 제1항 제1호에 따른 금액으로 한다. 이 경우 거주자가 증여받은 자산에 대하여 납부하였거나 납부할 증여세 상당액이 있는 경우에는 제97조 제2항에도 불구하고 필요경비에 산입한다.〈2017. 12. 19. 개정〉

며느리와 사위의 경우 소득세법 제97조의2(이월과세)를 적용받지 않아 며느리와 사위가 토지를 증여받고 3개월 이내에 토지가 수용되는 경우 증여받은 토지의 취득가액이 토지수용가액이 된다. 결국 토지의 양도가액과 취득가액이 같아져 양도차익이 '0'원이 되고 양도소득세 부담도 없게 되는 것이다.

---

[3] 양도소득세 이월과세기간이 기존 5년에서 10년으로 확대(2023. 1. 1. 이후)

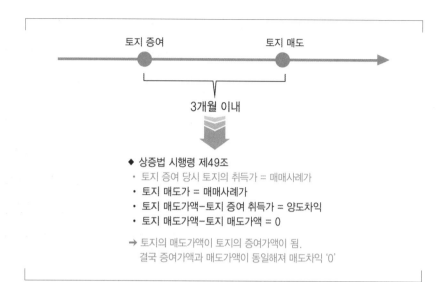

◆ 상증법 시행령 제49조
 · 토지 증여 당시 토지의 취득가 = 매매사례가
 · 토지 매도가 = 매매사례가
 · 토지 매도가액-토지 증여 취득가 = 양도차익
 · 토지 매도가액-토지 매도가액 = 0

→ 토지의 매도가액이 토지의 증여가액이 됨.
 결국 증여가액과 매도가액이 동일해져 매도차익 '0'

이러한 거래에서 발생하는 세금 효과를 살펴보면 다음과 같다.

구분	효과
배우자 직계비속	• 이월과세(소득세법 제97조의2) 적용 -양도소득세 계산 시 최초 증여자의 취득가액 준용 -토지를 증여받음에 따른 증여세는 필요경비에 가산
	• 소득세법 제104조 제2항 제2호 및 동법 제95조 제4항 적용 -증여자의 취득일을 기준으로 장기보유특별공제 및 세율 적용
며느리 사위	• 증여재산 공제 1천만 원 • 이월과세 대상 아님. • 증여받고 3개월 이내 양도 시 양도소득세 비과세 • 양도소득이 귀속될 경우 소득세법 제101조 제2항 대상 아님.

각 증여자가 부동산 수증 후 3개월 이내에 부동산이 수용당하는 경우, 토지를 수용당함에 따라 30억 원의 보상금을 수령하여 아들과 딸에게 각각 세후 5억 원의 자금을 만들어 주기 위해서는 다음과 같은 세금이 발생한다.

- 취득가액은 보상가액의 10%인 3억 원을 가정
- 취득시기는 20년 전을 가정
- 아들과 딸에게 각각 6억 원 증여
- 소급 10년 내 다른 증여 없는 경우

구분	금액
양도소득세(농특세, 지방소득세 포함)	791,814,750원
증여세(아들 및 딸 합계)	203,700,000원
합계	**995,514,750원**

반면, 토지를 일부 먼저 증여하고 3개월 이내에 토지가 수용되는 경우 발생하는 세금은 다음과 같다.

- 아들 1억 원, 며느리 5억 원, 딸 1억 원, 사위 5억 원, 배우자 8억 원씩 증여 가정

구분	금액
취득세	80,000,000원
증여세 (아들, 며느리, 딸, 사위, 배우자 합계)	209,520,000원

구분	금액
아들 양도소득세	9,333,720원
며느리 양도소득세	0원
딸 양도소득세	9,333,720원
사위 양도소득세	0원
배우자 양도소득세	183,757,200원
본인 양도소득세	230,431,500원
합계	**722,376,140원**

양도와 증여의 순서를 바꿨을 뿐인데 약 2억 7천 3백만 원의 세금 차이가 발생한다.

과연 이렇게 양도와 증여의 순서를 바꾼 것을 "납세의무자가 선택한 거래의 법적 형식이나 과정이 처음부터 조세회피의 목적을 이루기 위한 수단에 불과"한 거래로 볼 수 있을까?

이에 대한 판단은 조사관마다 상이할 것이다. 누군가는 문제없다고, 누군가는 문제의 소지가 있다고 주장할 수 있다.

다만, 현재까지 이러한 사례에 대해 과세된 건은 찾지 못했다.

3 문제의 본질(실제 증여 의사 여부)

양도 전 증여 컨설팅에서 주의해야 할 것이 있다.

일부 납세자는 절세되는 세액에 매료되어 실제 증여 의사가 없음에도 불구하고 위와 같은 컨설팅을 받는 경우가 있다. 그래서 실무에서는 토지의 매도대금을 자녀 및 며느리, 사위의 통장으로 받고 그 통장을 토지의 증여자가 관리하는 경우도 종종 발생하며, 더 심한 경우에는 자녀 및 며느리, 사위의 통장으로 입금된 돈을 바로 현금으로 인출하여 찾아가는 사례도 있다.

이러한 행위는 상당히 위험하다. 바로 소득세법 제101조 [양도소득의 부당행위계산] 때문이다.

> **소득세법 제101조 [양도소득의 부당행위계산]**
>
> ② 거주자가 제1항에서 규정하는 특수관계인(제97조의2 제1항을 적용받는 배우자 및 직계존비속의 경우는 제외한다)에게 자산을 증여한 후 그 자산을 증여받은 자가 그 증여일부터 5년 이내에 다시 타인에게 양도한 경우로서 제1호에 따른 세액이 제2호에 따른 세액보다 적은 경우에는 증여자가 그 자산을 직접 양도한 것으로 본다. 다만, 양도소득이 해당 수증자에게 실질적으로 귀속된 경우에는 그러하지 아니하다.

배우자 및 직계비속의 경우 이월과세가 적용되는 한편, 사위와 며느리에게는 위의 양도소득의 부당행위계산이 적용될 수 있다. 위 규정에서 핵심은 며느리와 사위에게 귀속된 양도소득이 반드시 토지의 증여자에게 귀속되어서는 안된다는 것이다.

만약 며느리와 사위의 토지 매도대금이 원 증여자에게 귀속되는 경우, 세법은 며느리와 사위의 양도행위를 부인하고 원 증여자가 양도한 것으로 보아 증여자에게 양도소득세를 과세한다.

그러므로 납세자는 단순히 절세만을 위해서 편법을 사용한 컨설팅을 받아서는 안되고, Tax consultant는 이러한 경우 과세문제가 발생할 수 있음에 대해 납세자에게 충분히 설명하고 인식시켜야 한다.

4 참고자료 – 자경농지 감면 컨설팅

이번에 소개할 내용은 수용지구에서 종종 만나게 되는 것으로, 대다수 세무대리인의 상식을 깬 사례이다.

Tax consultant의 컨설팅 내용을 한번 확인해 보자.

Tax consultant

> 고객님, 농지가 수용될 예정인데 토지의 일부는 올해 양도하고 일부는 내년에 양도하는 것은 어떠신지요?
> 고객님께서는 실제 농사를 지으셨기 때문에 자경감면(조세특례제한법 제69조) 이라는 세법상 큰 혜택을 받으실 수 있는데, 이 자경감면의 한도가 1년에 1억 원입니다.
> 그러니 올해 한번 내년에 한번 이렇게 나누어 파시면 누진세율을 회피할 수 있을뿐더러 감면세액 또한 올해 1억 원 내년에 1억 원 총 2억 원의 세금을 절약할 수 있습니다!

이 컨설팅에 대해서 여러분은 어떻게 생각하는가?

한 필지의 토지를 2개 과세기간에 걸쳐 매도하였다. 그리고 각 과세기간마다 1억 원(총 2억 원)의 감면을 받았다. 과연 이러한 상황에 대해 문제를 삼을 수 있을까? 이와 유사한 사항에서 국세청은 다음과 같이 해석한 바 있다.

서면-2015-부동산-0339, 2015. 7. 14.

「조세특례제한법」 제133조 제1항에 따른 감면종합한도를 적용할 때 같은 항 제1호 나목에 해당하는 경우에는 감면받을 양도소득세의 합계액이 과세기간(1. 1.~12. 31.)별 2억 원, 같은 항 제2호 다목에 해당하는 경우에는 5개 과세기간에 감면받을 양도소득세의 합계액이 3억 원까지 감면받을 수 있는 것이고, 지분으로 분할한 해당 농지의 양도가 연도를 달리하는 경우에도 과세기간에 따라 적용하는 것임.

국세청의 해석에 따를 경우 지분으로 분할한 농지의 양도가 연도를 달리하는 경우 감면은 과세기간에 따라 적용하는 것이다. 즉, 올해 양도한 토지 지분과 내년에 양도한 토지 지분은 각각 자경감면을 받을 수 있다고 해석한 것이다.

법 해석상 위 국세청의 해석은 상당히 합리적이다.

그런데 위 해석에 대해 어떤 조사관이 이의를 제기하였고, 실질과세 원칙을 적용하여 과세한 사례가 있다.

다음의 사례에 대해서 살펴보자.

A는 1991. 3. 14. 농지를 취득하여 보유하다가 2014. 12. 4. 농지 중 지분 1,613분의 968(이하 "농지1"이라 한다)을 주택조합에게 그 소유권을 이전하고, 「조세특례제한법」제69조(자경농지에 대한 양도소득세 감면) 및 같은 법 제133조(양도소득세 감면한도) 규정을 적용하여 2015. 2. 2. 양도소득세를 신고하였다.

또한, A는 2015. 2. 3. 쟁점농지 중 나머지 지분 1,613분의 645 (이하 "쟁점농지2"라 한다)를 주택조합에 그 소유권을 이전하고, 2015. 3. 18. 자경감면을 적용하여 양도소득세를 신고하였다.

처분청은 청구인에 대한 양도소득세 조사를 실시한 결과, 청구인이 양도소득세 감면의 한도액을 초과하여 전액 감면받기 위하여 의도적으로 과세기간을 달리하여 쟁점농지를 양도한 것으로 보아 쟁점농지의 실제 양도시기를 모두 2015. 2. 3.로 하여 청구인에게 2015년 귀속 양도소득세를 경정·고지하였다.

여러분은 어떻게 생각하는가?

과세관청의 과세는 과연 정당한가?

이에 대해 A는 조세심판원에 불복을 제기하였고, 조세심판원은 다음과 같이 결정하였다.

이상의 사실관계 및 관련 법령 등을 종합하여 살피건대, 청구인은 과세기간을 달리하여 쟁점농지를 2회로 나누어 양도한 것은 매수인의 일시적인 자금부족에서 기인한 것일 뿐, 양도소득세를 전액 감면받기 위한 목적은 아니라고 주장하나,

(중략)

주택조합의 자금부족에 대한 청구인의 입증이 부족하고, 그로 인해 주택조합이 원활한 아파트 사업을 진행하기 위하여 쟁점농지와 같이 공유지분으로 2회에 걸쳐 매입할 특별한 이유가 없는 것으로 보이는 점,

쟁점농지 이외 인근 아파트 부지의 경우 일회에 걸쳐 매매가 이루어진 점 등,

위와 같은 이유로 처분청이 당초 두 과세기간에 걸쳐 양도신고된 쟁점농지를 하나의 거래로 보아 양도소득세 감면한도를 적용하여 과세한 이 건 처분은 달리 잘못이 없는 것으로 판단된다.

조세심판원은 쟁점 농지와 같이 공유지분으로 2회에 걸쳐 매입할 특별한 이유가 없음과 인근 아파트 부지의 경우 일회에 매매된 점 등을 들어 두 번에 걸친 농지의 양도를 한 번에 양도한 것으로 보았다. 결국 과세 관청의 손을 들어준 것이다.

분명 토지를 두 번에 걸쳐 양도하였는데, 이를 한번에 양도한 것으로 본 조세심판원의 결정은 이례적인 것일까? 이 사건 결정문만 특별한 사유가 있는 것은 아닐까?

결론부터 이야기하면 그렇지 않다.

조심 2019부4353, 2020. 2. 17.

청구인이 쟁점농지를 2분의 1 지분씩 두 번에 걸쳐 매매계약을 체결하는 형식으로 그 과세기간을 달리하여 양수인들 부부에게 양도한 것은 8년 이상 자경농지에 대한 과세기간별 감면한도 ○○○를 부당하게 회피하기 위한 것으로 보이므로 처분청이 실질과세의 원칙에 따라 이를 사실상 하나의 거래계약에 따른 양도로 보아 상기 감면한도를 적용하여 청구인에게 양도소득세를 부과한 이 건 처분은 잘못이 없는 것으로 판단된다.

심사-양도-2017-0139, 2018. 1. 10.

주택조합의 일시적 자금부족은 농지를 2회에 걸쳐 양도할 특별한 이유가 될 수 없고 인근 아파트 부지는 1회에 매매가 이루어진 점, 청구인이 농지를 2회에 걸쳐 매매한 데에 양도소득세 감면한도 회피 목적 외에 다른 사정이 있어 보이지 않는 점 등을 종합적으로 고려할 때, 경제적 실질에 따라 이 건 쟁점농지 매매거래는 하나의 매매거래로 보는 것이 타당하다.

따라서 처분청이 이 건 거래를 하나의 양도거래로 보아 자경농지에 대한 양도소득세 감면한도를 재계산하여 청구인에게 2015년 과세연도 양도소득세 144,153,240원을 과세한 이 건 처분은 정당하고 달리 잘못이 없는 것으로 판단된다.

조심 2019부3563, 2019. 12. 19.

청구인은 자경농지에 대한 감면적용 대상 확대 이외에 뚜렷한 분할 양도의 목적에 대해 별다른 소명을 하지 못하고 있는 점, 쟁점농지는 일단의 토지로서 분할하여 사용가치가 없는 것으로 보이고, 매매대금 또한 각각 ○○○억 원으로서 유사한 지분비율만큼 임의로 나누어 매매계약을 체결한 것으로 보여 각각의 매매계약이 독립된 거래로 보기는 어려운 점, 청구인과 양수인들 간에 특수관계는 없으나, 회피된 양도소득세를 매매가액에 반영할 경우 양수인과 양도인 모두 혜택을 나눌 수 있어 청구인과 양수인들 모두 조세회피 목적의 이 건 거래형식을 갖출 유인이 있는 것으로 보이는 점 등에 비추어 처분청이 쟁점농지의 분할 양도거래의 형식을 부인하고, 「국세기본법」 제14조 제3항 규정의 실질과세 원칙을 적용하여 쟁점농지 지분 최종 양도일에 쟁점농지를 일괄 양도한 것으로 보아 양도소득세를 과세한 처분은 달리 잘못이 없는 것으로 판단된다.

이 외에도 이러한 사례에서 조세심판원이 과세관청의 손을 들어준 사례는 의외로 많다.

과연 조세심판원에서만 이러한 판단을 하는 것일까? 그렇다면 법원은 이와 같은 사안에 대해 어떻게 판단하였을까?

 대전고등법원 2018. 8. 16. 선고 2018누10819 판결

국세기본법에서 제14조 제3항은 과세대상이 되는 행위 또는 거래를 우회하거나 변형하여 여러 단계의 거래를 거침으로써 부당하게 조세를 감소시키는 조세회피행위에 대처하기 위하여 그와 같은 여러 단계의 거래 형식을 부인하고 실질에 따라 과세대상인 하나의 행위 또는 거래로 보아 과세할 수 있도록 실질과세 원칙의 적용 태양 중 하나를 규정한 것인바(대법원 2001. 8. 21. 선고, 2000두963 판결 참조), 앞에서 본 바와 같이 원고가 양도소득세 감면한도를 면탈하기 위한 목적에서 이 사건 토지를 이 사건 제1지분과 이 사건 제2지분으로 분할하여 양도한 이상 국세기본법 제14조 제3항에 따라 이를 하나의 거래로 볼 수 있다고 할 것이므로, 원고의 이 부분 주장 역시 이유 없다.

대법원 판결은 아니지만 대전고등법원에서는 해당 사안에 대해 위와 같이 판단하였다. 이는 조세심판원의 결정과 같은 취지이다. 양도소득세 감면한도를 회피하기 위한 목적에서 토지를 지분으로 나누어 양도한 것은 실질과세 원칙에 따라 하나의 거래로 봄이 타당하다는 취지이다.

결국 원점으로 돌아간다.

"납세의무자가 선택한 거래의 법적 형식이나 과정이 처음부터 조세 회피 목적을 이루기 위한 수단에 불과한가?"

한 필지의 토지를 2개 과세기간에 걸쳐 양도한 경우 2회 분할 양도한 것에 대해 조세회피 목적(추가 감면) 외에 다른 정당한 사유가 없다면 이에 대해 실질과세 원칙을 적용하여 하나의 거래로 보아 과세가 가능 하다는 것이 조세심판원과 법원의 일관된 태도로 보인다.

위의 사례들은 모두 하나의 필지를 두 번에 걸쳐서 지분으로 양도한 사례였다. 그렇다면 두 필지의 농지를 한 필지는 올해 양도하고 다른 한 필지는 내년에 양도하는 경우는 어떻게 될까?

이에 대해 조세심판원은 다음과 같이 결정하였다.

이 건과 같이 결과적으로 낮은 조세부담이 발생하였다 하여 과세관청이 조세회피 목적에 대한 구체적인 입증 없이 사법상 사적자치의 원리에 따라 합리적인 경제인의 입장에서 적법하게 이루어진 계약형식이나 세법상 기간과세의 원칙을 무시하고 과세권을 행사하는 것은 법적 실질과세 원칙에 위배되어 부당하다고 보이는 점, 이 건 쟁점①토지와 쟁점②토지의 경우 청구인이 양도시점에 임박하여 분필 등 임의적 변경행위 등을 통해 분리하였다거나 결합된 토지의 공유지분을 나누어 양도한 것이 아닌 당초부터 분리되어 있던 개별 필지를 각각 양도하면서 잔금지급 시기만 달리 정한 것으로, 이처럼 당초부터 분리된 별개의 필지를 매매함에 있어 잔금지급일을 달리하였다는 사정만으로 여기에 세법 등의 혜택을 부당하게 받기 위한 가장된 둘 이상의 행위 또는 거래가 있었다고 단정하기 어려운 점, 쟁점①·②토지와 매매계약일(2017. 11. 22.)과 특약조건(은행영업일 기준 4일 이내 잔금 지급 등)이 동일한 인근 개별토지○○○도 과세기간을 달리하여 잔금일을 약정한 것으로 나타나는 점 등에서 처분청이 쟁점①토지와 쟁점②토지의 거래형식을 부인하고 하나의 양도거래로 보아 1과세기간 감면한도를 적용하여 이 건 양도소득세를 부과한 처분은 잘못이 있다고 판단된다.

2개 필지의 토지를 과세기간을 달리하여 각각 양도 후 각각 자경감면을 적용하여 양도소득세를 신고·납부한 사례에 대해 과세관청은 하나의 거래로 보아 양도소득세를 과세하였고 불복 과정에서 심판원은 납세자의 손을 들어주었다.

현재 생성된 결정례들을 정리할 경우 한 필지의 토지를 과세기간을 달리하여 양도하고 각 감면을 적용받는 경우에는 이를 하나의 거래로 보아 과세하고, 두 필지의 토지를 과세기간을 달리하여 한 필지씩 양도하는 경우에는 각 거래를 인정하여 하나의 거래로 보아 과세하지 않는 것으로 판단된다(다만, 이런 판례도 심판부에 따라 언제든지 바뀔 수 있다).

그러나 항상 기억해야 한다. 컨설팅을 제공하는 경우 세법에 맞게 구조를 짜야 하며, 최종적으로 국세기본법 제14조 실질과세 원칙에 위배되지 않는지 세심하게 검토하여야 한다.

세법은 가끔 일반인의 상식을 뛰어넘는다.

개정판 첨언

위의 내용이 2023년 12월 31일 자경감면의 한도와 관련하여 세법이 다음과 같이 개정되었다.

> **조세특례제한법 제133조 [양도소득세 및 증여세 감면의 종합한도]**
>
> ② 제1항 제1호를 적용할 때 토지를 분할(해당 토지의 일부를 양도한 날부터 소급하여 1년 이내에 토지를 분할한 경우를 말한다)하여 그 일부를 양도하거나 토지의 지분을 양도한 후 그 양도한 날로부터 2년 이내에 나머지 토지나 그 지분의 전부 또는 일부를 동일인이나 그 배우자에게 양도하는 경우에는 1개 과세기간에 해당 양도가 모두 이루어진 것으로 본다.

최근 조세특례제한법 개정으로 인해 자경감면을 혜택을 최대 2억원까지 받기 위한 목적으로 토지를 분할하여 두 차례 매각하는 경우 최대 1억 원의 감면한도를 적용 받게 되니 참고하길 바란다.

결손법인 활용 컨설팅

1 문제의 발단(비사업용토지 양도세 강화)

지난 정권에서는 유독 부동산 관련 취득·보유 및 거래 등에 대한 규제가 많았다. 비사업용 토지의 양도도 예외는 아니었다. 다음은 2022년 개정을 예고했던 사안이었으나 결국 개정에는 실패하였다.

투기적 토지거래의 기대수익 축소

※ 조치 사항: 조특법, 소득세법, 법인세법 개정 및 소득세법·법인세법 시행령 개정

① 단기보유 토지에 대한 양도소득세 중과세율 인상('22. 1. 1. 시행)
  • 단기 보유 토지 양도 시에도 주택·입주권 등과 동일하게 높은 중과세율[*] (+20%p) 적용
    [*] (1년 미만 보유 토지) 현행 50 → 70%
    (2년 미만 보유 토지) 현행 40 → 60%

② 개인 및 법인의 비사업용 토지에 대한 양도소득세 강화('22. 1. 1. 시행) 및 사업용 토지(양도세 중과세율 배제) 범위 축소

- 비사업용 토지 양도 시 기본세율(6~45%)에 가산되는 중과세율을 인상 (+10 → +20%p)하고 장기보유특별공제*(최대 30%) 적용도 배제
  *현재 개인의 경우 비사업용 토지도 최대 30%의 장기보유특별공제 적용

- 주말농장용 농지는 사업용 토지에서 제외

현재는 비사업용 토지 양도의 경우 장기보유특별공제 적용이 가능하고, 일반세율에 10%의 중과세율을 추가하여 과세한다.

현행 세법에 따를 경우 비사업용 토지 양도에 따라 부담하는 최고 세율은 지방소득세 포함 60.5%이다. 위와 같이 세금폭탄을 연상하게 하는 개정은 없었으나 60.5%라는 세율은 결코 만만치 않다.

그래서 비사업용 토지를 가지고 있는 토지주들은 고민하기 시작한다. 급전이 필요하여 토지는 매각해야겠는데 세금이 큰 부담인 것이다. 이러한 상황에서 등장하는 것이 결손법인 활용 컨설팅이다.

Tax consultant들은 다음과 같은 컨설팅을 제공한다.

Tax consultant

대표님! 현행 세법상 비사업용 토지를 양도하시면 소득세율에 중과세율이 적용되어 세금이 엄청납니다. 그러니 결손법인을 활용한 절세를 한번 해 보시죠.

결손법인을 매입금 없이 가져올 수 있을 뿐더러 토지의 양도차익에 대해서도 법인세 부담이 없습니다.

가수금 채권을 증여하시거나 자제분들이 가수금 채권을 따로 매입하는 방법도 있으니 여러 가지 면에서 장점이 많습니다.

혹시 그것도 아니라면 가수금을 인수하신 뒤 그대로 두시고 법인에 현금을 쌓으시고 해당 주식을 상속 또는 증여하시면 주식의 가치가 순자산가치(자산 - 부채)의 80%로 평가되어 상당한 절세 혜택을 누리실 수 있습니다.

위와 같은 결손법인 컨설팅은 다음의 구조로 진행된다.

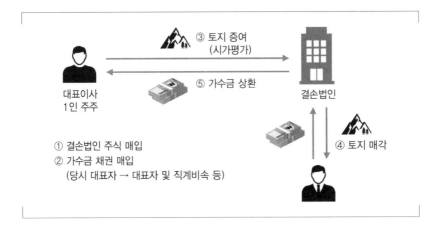

결손법인 활용 컨설팅의 핵심은 채무 관계 등이 깨끗한 법인을 찾아야 한다는 것이다. 자칫 잘못했다가는 언제 어디서 우발부채가 발생하여 법인을 인수한 것이 도리어 큰 자충수가 될 수도 있기 때문이다.

이러한 법인을 잘 선별하였다면 이제 법인을 인수한다. 결손법인 인수금액은 개별 건마다 다르겠지만, 시장에서는 해당 법인의 결손금에 대한 일정 비율로 가격을 산정한다. 법인을 인수할 때 법인에 가수금이 있는 경우라면 해당 가수금을 결손법인으로부터 따로 저가로 인수한다.[4] 법인에 대한 가수금의 수령권을 포기하는 경우 포기일이 속하는 사업연도의 소득금액계산상 법인의 익금에 산입하는 것이나, 당해 주식의 양수인에게 당해 채권의 수령권도 함께 인계한 경우에는 그러지 아니한 것(질의회신 서이46012-11876, 2003. 10. 27.)이기 때문이다.

그렇다면 이러한 결손법인의 가수금 채권은 세법상 어떻게 평가하고 얼마의 금액으로 인수하여야 할까?

다음을 참고하기 바란다.

---

[4] 특수관계가 없는 자로부터 결손법인을 인수하면서 가수금에 대한 내용을 계약서에 기재하지 않은 사안에 대해 과세관청에서 가수금이 무상 이전된 것으로 보아 과세한 사례가 있었다. 결과는 조세심판원에서 "쟁점주식 양도·양수와 함께 법인에 대한 쟁점가수금채권 및 이월결손금 등을 감안하여 적정한 대가를 쌍방 간에 협의조장한 것으로 보여지는 이 건 거래는 경제적 합리성이 있는 정상적인 거래로 보인다(조심 2009중1751, 2009. 12. 24.)."라고 결정하며 납세자의 손을 들어주었다.

비상장결손법인의 주식과 동 법인에 대한 채권(대여금)을 단일가액으로 일괄양도하여 주식가액과 채권가액이 구분되지 아니하는 경우 해당 주식의 증권거래세 과세표준은 「증권거래세법 시행령」 제4조 제2항 제4호에 따라 평가한 가액으로 하는 것임.

다만, 채권과 주권을 일괄양도하는 경우에 있어 주권 등의 가액을 알 수 있는지 여부는 당사자 간의 구체적인 계약에 따라 판단할 사항임.

 서면-2016-법인-6025, 2017. 4. 27.

양도 당시 채권의 가액이 불분명한 경우 「감정평가 및 감정평가사에 관한 법률」에 의한 감정평가법인이 감정한 가액(감정한 가액이 2 이상인 경우에는 그 감정한 가액의 평균액)은 「법인세법 시행령」 제89조 제2항 제1호에서 규정하는 시가의 범위에 해당하는 것이나, 당해 감정가액이 건전한 사회통념 및 상관행과 특수관계인이 아닌 자 간의 정상적인 거래에서 적용되거나 적용될 것으로 판단되는 가격으로 볼 수 없는 경우에는 그러하지 아니하는 것임.

 감정평가에 관한 규칙 제24조

(유가증권 등의 감정평가)
② 감정평가법인 등은 채권을 감정평가할 때에 다음 각 호의 구분에 따라야 한다. 〈개정 2014. 1. 2., 2022. 1. 21.〉
  2. 비상장채권(거래소에서 거래가 이루어지지 아니하는 등 형성된 시세가 없는 채권을 말한다): 수익환원법을 적용할 것

위의 해석에 따를 경우 양도 당시 채권의 가액이 불분명한 경우 그 평가액은 감정평가금액으로 하는 것이고 감정평가에 관한 규칙은 비상장채권을 수익환원법을 통하여 평가하라고 하였다. 여기서 수익환원법이란 대상물건이 장래 산출할 것으로 기대되는 순수익이나 미래의 현금흐름을 환원하거나 할인하여 대상물건의 가액을 산정하는 것을 말한다.

결손법인의 가수금 채권을 수익환원법으로 평가하면 그 가치는 얼마나 될까? 결손법인의 경우 해당 채권에 대한 현금 회수율이 거의 '0'에 수렴할 것이므로 그 가치가 높지 않을 것이다. 이때 감정평가 등을 통해 가수금 채권을 평가하여 인수한다면 과세리스크가 많이 줄어들 것으로 예상된다.

결손금이 많은 법인을 인수하고 가수금 채권까지 저가에 매입한 경우라면 토지를 법인에 증여한다. 그렇게 되면 법인은 토지의 시가만큼 수익이 잡힐 것이다. 그러나 이미 결손금이 풍부한 법인은 토지의 무상취득에 따른 법인세 납부 시 이월결손금 공제를 한도까지 적용받은 금액에 대한 법인세를 납부하는 것이므로 세부담이 많이 줄어들 것이다.

또한 법인에 현금이 유입됨에 따라 최대주주 등이 저가로 양수한 가수금 채권을 실제 가수금 금액으로 현금화시킬 수 있는 한편, 법인에 대한 가수금 채권자가 법인으로부터 현금을 수령하는 경우에도 이것은 법인이 단순히 채무를 상환하는 것에 지나지 않아 세금이 발생하지 않는다는 장점이 있다.

위의 절차가 제대로만 작동한다면 꿩도 먹고 알도 먹을 수 있는 일석이조의 컨설팅이 된다.

3 문제의 본질(우발부채와 가수금)

소개한 결손법인 컨설팅의 핵심은 우발부채가 없고, 가수금 채권이 존재하는 결손법인을 잘 고를 수 있는지 여부이다.

사실 결손법인의 경우 우발부채가 언제 어디서 어떻게 터질지 모른다는 우려로 인해 결손법인의 매입을 상당히 주저하게 된다.

그럼에도 불구하고 정말 깔끔한 결손법인이라면 이러한 컨설팅을 통한 절세행위는 안전한 것일까?

컨설팅을 실행하기 전에 다음을 확인해 보아야 한다.

"실질과세 원칙에 따른 과세 리스크는 없는가?"

국세기본법 제14조 제3항은 "제3자를 통한 간접적인 방법이나 둘 이상의 행위 또는 거래를 거치는 방법으로 이 법 또는 세법의 혜택을 부당하게 받기 위한 것으로 인정되는 경우에는 그 경제적 실질 내용에 따라 당사자가 직접 거래를 한 것으로 보거나 연속된 하나의 행위 또는 거래를 한 것으로 보아 이 법 또는 세법을 적용한다."라고 적시되어 있다.

그러므로 결손법인을 이용한 컨설팅에 대해 제3자를 통한 간접적인 방법으로 세법의 혜택을 부당하게 받은 것으로 볼 수 있는지 여부에 대해 고민해 보아야 한다.

더 나아가 대법원은 납세의무자가 선택한 거래의 법적 형식이나 과정이 처음부터 조세회피의 목적을 이루기 위한 수단에 불과하다면 실질과세 원칙을 적용하여 과세가 가능하며 그와 같은 거래방식을 취하는데 조세부담의 경감 외에 사업상의 필요 등 다른 합리적 이유가 있는지 여부 등 관련 사정을 종합하여 판단하여야 한다고 판시(대법원 2017. 2. 15. 선고 2015두46963 판결 참고)한 바, 컨설팅이 단순히 조세회피 목적만을 가지고 실행된 것인지에 대한 검토 역시 필요하다.

이월결손금 컨설팅의 본질은 개인의 부동산 양도소득세 부담을 줄이기 위한 목적으로 부동산의 양도차익을 법인의 이월결손금과 상계하는 한편, 저가에 양수한 가수금 채권을 활용하여 법인에 발생한 이익을 세금 없이 현금으로 찾아오는 방법이다.

여러분의 생각은 어떠한가? 납세자가 선택한 거래의 법적 형식이나 과정이 처음부터 조세회피 목적을 이루기 위한 수단에 불과하다고 보아 실질과세 원칙을 적용하여 과세할 수 있을까?

이론상으로만 보면 실질과세 원칙을 적용할 수 있을 것처럼 보인다.

그러나 여기서 한 가지 간과하지 말아야 할 것이 있다. 실질과세 원칙을 적용하기 위해서는 해당 토지를 개인이 매각한 것으로 보아 토지의 원소유자에게 양도소득세를 과세해야 하는데, 실제 토지를 취득하고 매각한 것은 법인이라는 사실이다.

이러한 판단에 있어서는 다음의 대법원 판례들을 참고할 수 있을 것이다.

앞 장에서 소개한 바와 같이, 1인 주주가 각 100% 소유하고 있는 도관법인 2개를 통해 실제 지배하고 싶은 법인의 주식을 100%(각 법인별 50%) 취득한 사례에서 대법원은 전원합의체 판결로 1인 주주에게 간주취득세 과세가 정당하다고 판시한 사례가 있었다(대법원 2012. 1. 19. 선고 20085두8499 판결).

특히 국제조세 분야에서는 주식양도소득세 회피를 위해 조세피난처에 법인을 설립하여 주식을 거래한 경우에 대해 대법원이 다음과 같이 판시한 바 있다.

 대법원 2013. 7. 11. 선고 2010두20966 판결

원심은 위와 같은 사실관계를 토대로 하여, 실질과세의 원칙은 조세조약의 규정을 해석·적용하는 기준으로도 삼을 수 있다고 전제한 다음, 말레이시아에 설립된 소외 회사나 EEE군도에 설립된 DDDD EEE 홀딩스(이하 '소외 회사 등'이라 한다)는 이 사건 주식의 취득 및 양도에 관하여 형식상 거래당사자의 역할만을 수행하였을 뿐 그 실질적 주체는 DDDD 엘피에 대한 투자자 281명이고, 이러한 형식과 실질의 괴리는 오로지 조세회피의 목적에서 비롯되었으므로, 이 사건 양도소득의 실질적인 귀속자를 DDDD 엘피에 대한 투자자 281명으로 보고 그들을 납세의무자로 하여 원고에게 원천징수분 소득세를 납세고지한 이 사건 처분은 적법하다는 취지로 판단하였다. (중략)

소외 회사를 이 사건 양도소득의 실질적인 귀속자로 보지 아니한다고 하여 한·말 조세조약상의 무차별원칙에 위배되는 것으로 볼 수 없다는 이유로, 원고의 무차별원칙 위배주장을 배척하였다.

앞서 본 법리와 기록 등에 비추어 살펴보면, 원심의 판단 중 소외 회사 등을 이 사건 양도소득의 실질적인 귀속자로 볼 수 없다고 본 부분은 정당한 것으로 수긍이 가고, 거기에 상고이유에서 주장하는 바와 같은 실질과세의 원칙이나 한·말 조세조약의 해석·적용 등에 관한 법리오해의 위법이 없다.

위의 선례들로 보아 결손법인을 통한 부동산 양도소득세의 부담을 낮추는 행위에 대해 국세청은 충분히 과세 시도를 할 수 있을 것으로 판단되며, 조세심판원 및 법원 역시 해당 과세의 유지를 정당하다고 결정할 가능성이 있다.

그러므로 결손법인 컨설팅은 100% 안전한 컨설팅이라고 이야기할 수 없다.

앞에서도 설명한 바와 같이 현실적으로 완벽한 절세 컨설팅은 찾기 어렵다.

4 문제의 해결(결손법인 인수, 실제 경영)

앞에서 언급한 바와 같이 어떠한 컨설팅이든 과세 리스크를 '0' 으로 만들 수는 없다. 그렇다면 결손법인 컨설팅의 과세 리스크를 줄이기 위해서는 어떻게 해야 할까?

우선 결손법인을 단순히 부동산 매각에 따라 발생하는 세금 부담을 낮추기 위한 목적으로만 사용해서는 안된다. 결손법인의 취득 목적이 단순히 세부담 회피 목적일 경우 과세관청은 "납세의무자가 선택한 거래의 법적 형식이나 과정이 처음부터 조세회피의 목적을 이루기 위한 수단에 불과"한 것으로 보아 과세 시도를 할 수 있기 때문이다.

반면, 실제 사업 목적으로 결손법인을 취득하고 해당 사업을 영위하는 중에 이러한 부동산 취득 및 매각행위가 발생하였고 이후에도 이러한 사업을 지속적으로 영위한다면 결손법인의 취득이 단순히 조세회피 목적만을 가지고 한 행위가 아니라는 주장이 가능하게 된다. 이때 사업과 관련하여 발생하는 수익과 비용이 단편적일 경우 그리고 수익과 비용의 규모가 미미한 경우에 과세관청은 결손법인의 사업의 실제 영위 여부를 의심할 수 있을 것이다.

실제 사업 목적으로 해당 결손법인을 취득하여 실제 사업을 영위하는 중에 법인을 통한 부동산의 증여 및 양도 이슈가 발생한 경우라도 과세 리스크가 존재함에 대해서는 항상 인지하고 있어야 한다.

그리고 Tax consultant는 납세자에게 예측가능한 과세 리스크에 대한 설명을 해야 한다.

그것이 선의의 피해자를 발생시키지 않는 방법이며, 납세자와 Tax consultant 간에 신뢰를 유지하는 길이다.

5 신탁을 통한 종합부동산세 컨설팅

1 문제의 발단(다주택자 중과 등 규제)

2021년 가장 주목받았던 세금을 하나만 뽑으라면 필자는 단연코 종합부동산세라고 생각한다. 문재인 정부에서 다주택자를 상대로 강력한 부동산 규제 정책을 시행하였고, 대한민국에서 한 채를 초과하는 주택을 보유한 사람들은 막대한 세금을 부담하게 되었다.

정부는 우선 2주택자 및 3주택자의 주택 양도에 대해 양도소득세 중과세율을 적용하고 장기보유특별공제를 배제하여 주택에서 발생한 시세차익을 국고에 환수하는 방향으로 소득세법을 개정하였다.

그리고 종합부동산세법을 개정하여 다주택자에 대한 보유세 부담을 급격히 증가시켰다. 결국 다주택자를 궁지로 몰았고 다주택자들은 주택을 양도하지도 못하고 보유하고 있지도 못하는 진퇴양난의 상황에 빠지게 되었다.

필자는 종합부동산세가 고지되는 2021년 12월 당시 분당세무서 납세자보호실에서 실장으로 재직하고 있었는데, 당시 매일 같이 쉬지 않고 종합부동산세 관련 항의 전화가 빗발쳤으며 납세자보호실로 찾아와 화를 내며 언성을 높이는 납세자와 눈물을 펑펑 쏟는 납세자들을 종종 만나야 했다. 당시 납세자보호실도 빗발치는 항의 전화로 업무가 마비될 수준이었는데, 심지어 납부고지서를 송부하고 해당 업무를 처리해야 했던 재산세과는 얼마나 더 전쟁통이었을지 상상이 된다.

종합부동산세법이 임시방편적 강경일변도로 개정되느라 예상되는 정책효과나 국민의 고통 등 납세자에 대한 배려가 많이 부족했고, 필자 입장에서도 역시 다주택자를 제재하기 위한 무리한 개정이라고 생각한 사례도 종종 있었다.

필자가 개인적으로 해결해 줄 수 없음에도 불구하고 납세자들이 찾아와 울면서 억울함을 하소연하는 것을 들을 때면 마음 한켠이 무거웠다.

그렇게 2021년 겨울의 종합부동산세는 임팩트가 컸으며 '아무리 강력하게 개정이 되었어도 작년과 비교해 세금 차이가 크게 나겠어?' 라고 생각하고 안일하게 고지서를 기다리던 납세자들에게 상상 이상의 큰 충격을 안겨주었다.

종합부동산세의 부담이 커지다 보니 다주택자들은 어떻게든 종합부동산세를 절세할 수 있는 방법이 없을까 고민하게 되었다.

그러한 다주택자들의 생각과 욕구를 파악한 한 명의 변호사가 신탁을 활용하여 다주택자를 1주택자로 만들어 버리는 마법과도 같은 상품을 만들어 홍보하였고, 이 상품은 인터넷 등을 통해 순식간에 퍼졌으며 실제 많은 사람들에게 불티나게 팔리게 되었다.

과연 어떠한 상품일까? 해당 상품에 문제는 없는 것일까?

② 신탁을 통한 종합부동산세 컨설팅

Tax consultant는 다음과 같이 컨설팅을 하였다.

Tax consultant

고객님, 지금 대한민국은 제정신이 아닙니다.

이대로 계시다가는 국세청으로부터 1억 원이 넘는 종합부동산세 고지서를 받게 됩니다. 그러므로 올해 6월 1일 이전에 저에게 컨설팅을 받으셔야 합니다. 그래야 제가 살인적인 종합부동산세로부터 고객님의 재산을 지켜드릴 수 있습니다.

방법은 간단합니다. 고객님의 아파트 지분을 가족이나 가족 소유 법인에 신탁한 뒤 또 다른 무주택자인 가족 등과 '위탁자 지위 이전' 계약을 맺어 명의를 분산하는 것입니다.

그렇게 되면 위탁자의 지위를 이전받은 자에게 재산세가 1주택자로 과세됩니다. 종합부동산세는 재산세를 따라가는 세목이라 재산세가 1주택으로 과세될 경우 종합부동산세 역시 1주택자로 과세되니 고객님께서는 종합부동산세를 상당히 아끼실 수 있습니다.

대한민국에서 이러한 구조를 짜고 실행할 수 있는 전문가는 오로지 저밖에 없습니다. 그러니 저를 한 번만 믿고 계약하시죠.

종합부동산세법 제7조 제2항 및 지방세법 제107조 제2항 제5호에
따를 경우 신탁법 제2조에 따른 수탁자의 명의로 등기 또는 등록된
신탁재산으로서 주택의 경우에는 위탁자(원소유자, 신탁한 자)가 종합
부동산세 및 재산세를 납부할 의무가 있다. 이 경우 위탁자가 신탁
주택을 소유한 것으로 본다.

결국 주택에 대한 재산세 및 종합부동산세 과세 시 납세자의 보유
주택 수를 판정할 때 신탁한 주택은 원 위탁자(원소유주)의 소유로 보아
과세한다.

위의 Tax consultant는 이를 이용하여 위탁자의 지위를 무주택자
에게 이전하는 방법으로 종합부동산세를 절세할 수 있다고 컨설팅한
것이다. 위탁자의 지위가 무주택자에게 이전됨에 따라 신탁한 주택은
주택 수 판정 시 원소유자의 주택으로 보지 않고 위탁자의 지위를 이전
받은 자의 주택으로 보아 주택 수를 계산하게 되기 때문이다.

과연 이러한 컨설팅에 문제가 없는 것일까?

3 문제의 본질(위탁자 지위이전과 조세회피)

현행법에 따를 경우 신탁재산으로서 주택의 경우에는 위탁자가 종합
부동산세 및 재산세를 납부할 의무가 있다. 그러므로 주택을 신탁한
경우 위탁자의 지위를 이전받은 자가 주택을 소유한 것으로 보아 재산세
및 종합부동산세를 과세하는 것은 세법상 문제가 없어 보인다.

그러나 이전에 강조한 바와 같이 실질과세 원칙을 꼭 체크해야 한다.

지방세기본법 제17조 【실질과세】

① 과세의 대상이 되는 소득·수익·재산·행위 또는 거래가 서류상 귀속되는 자는 명의(名義)만 있을 뿐 사실상 귀속되는 자가 따로 있을 때에는 사실상 귀속되는 자를 납세의무자로 하여 이 법 또는 지방세관계법을 적용한다. 〈2016. 12. 27. 개정〉
② 이 법 또는 지방세관계법 중 과세표준 또는 세액의 계산에 관한 규정은 소득·수익·재산·행위 또는 거래의 명칭이나 형식에 관계없이 그 실질내용에 따라 적용한다. 〈2016. 12. 27. 개정〉

국세기본법 제14조 【실질과세】

① 과세의 대상이 되는 소득, 수익, 재산, 행위 또는 거래의 귀속이 명의(名義)일 뿐이고 사실상 귀속되는 자가 따로 있을 때에는 사실상 귀속되는 자를 납세의무자로 하여 세법을 적용한다. 〈2010. 1. 1. 개정〉
② 세법 중 과세표준의 계산에 관한 규정은 소득, 수익, 재산, 행위 또는 거래의 명칭이나 형식과 관계없이 그 실질 내용에 따라 적용한다. 〈2020. 6. 9. 개정; 법률용어 정비를 위한 기획재정위원회 소관 33개 법률 일부개정을 위한 법률〉
③ 제3자를 통한 간접적인 방법이나 둘 이상의 행위 또는 거래를 거치는 방법으로 이 법 또는 세법의 혜택을 부당하게 받기 위한 것으로 인정되는 경우에는 그 경제적 실질 내용에 따라 당사자가 직접 거래를 한 것으로 보거나 연속된 하나의 행위 또는 거래를 한 것으로 보아 이 법 또는 세법을 적용한다. 〈2010. 1. 1. 개정〉

대법원 2017. 2. 5. 선고 2015두46963 판결

납세의무자가 선택한 거래의 법적 형식이나 과정이 처음부터 조세회피의 목적을 이루기 위한 수단에 불과(중략), 이는 당사자가 그와 같은 거래형식을 취한 목적, 제3자를 개입시키거나 단계별 거래 과정을 거친 경위, 그와 같은 거래방식을 취하는 데 조세 부담의 경감 외에 사업상의 필요 등 다른 합리적 이유가 있는지 여부 등 관련 사정을 종합하여 판단하여야 한다.

신탁자의 지위를 무주택자에게 이전하여 무주택자가 재산세를 1주택자로 부담하게 되면 재산세의 과세내역을 따라가는 종합부동산세까지 1주택자로 과세된다.

이러한 신탁과 신탁자 지위 이전은 처음부터 조세회피의 목적을 이루기 위한 것이며, 해당 신탁행위에 조세 부담의 경감 외에 사업상의 필요 등 다른 합리적인 사유는 없어 보인다. 그렇다면 실질과세 원칙에 따라 해당 주택의 실제 소유자를 원소유자, 즉 최초 신탁자로 봄이 타당하고 그에 따라 재산세 및 종합부동산세를 과세하는 것이 타당할 것으로 판단된다.

필자가 국세청 조사국(조사기획과, 세원정보과)에서 겸임교수로 활동하고 있을 당시, 이 컨설팅을 강의에서 소개하며 재산세를 자동적으로 따라가는 종합부동산세의 특징상 행정안전부 내지는 기획재정부, 국세청 본청에서 직접 나서지 않고는 이 문제는 해결되지 않을 것이라고 주의를 환기시킨 적이 있었다.

그 이유는 이 컨설팅의 핵심이 "걸리기 쉽지 않다"는 사실에 기반하기 때문이다. 각 지방자치단체에서 법에 따라 최종 위탁자에게 재산세를 고지해 준다면 그 다음부터는 종합부동산세까지 자동적으로 과세되는 한편, 그 최초 신탁자가 실질적인 다주택자인지 따로 확인하는 시스템이 존재하지 않기 때문이다.

그런데 이 구조가 결국 덜미를 잡히게 되었다.

4 신탁을 통한 컨설팅의 오해와 진실

서초구청장은 서울 서초구 소재 반포래미안아파트 등을 여러 채 보유한 다주택자가 신탁계약을 내세워 약 5억 7천만 원의 종합부동산세와 농어촌특별세를 회피한 사례에 대해 원위탁자, 즉 원소유자가 주택을 보유한 것으로 보아 재산세를 과세했다. 납세자는 이에 불복하였고, 현재 2심 소송결과 재판부는 서초구청의 손을 들어주었다.

 서울고등법원 2022누37976 재산세부과처분 취소

[제3행정부 2022. 11. 24. 선고]
위탁자가 수탁자로 하여금 처분·관리를 할 수 없도록 실질적인 제한을 가하는 것은 신탁법의 취지나 본질에 반하는 점, 원소유자인 원고들이 오로지 조세회피의 목적으로 이 사건 신탁계약을 체결한 점 등을 고려할 때, 수탁자들이 이 사건 각 부동산에 관한 소유권 명의를 갖는 것 외에는 어떠한 처분 및 관리 권한도 갖지 못하는 이 사건 신탁계약은 신탁법상 실질을 갖추지 못하여 무효임.

위 조항의 경우에도 명의와 실질의 괴리가 존재하고 그 괴리가 조세회피 목적에서 비롯된 경우에는 그 명의에도 불구하고 실질에 따라 납세의무자를 판단함이 타당한 점, 위탁자 지위 이전계약 내용에 따르면 이전 대가가 10만 원에 불과하고, 양도인인 원고들이 언제든지 계약을 해제할 수 있으며, 계약해제 경우 양수인이 원고들에게 위 10만 원 및 연 12%의 이자를 가산하여 반환하도록 하고 있어 부동산의 실질 가치를 전혀 반영하고 있지 못하고, 이 사건 각 부동산으로 인한 수익도 계속 원고들이 향유하는 점 등을 고려하면, 원고들의 위탁자 지위 이전은 실질적인 양도 없이 오로지 종합부동산세 등 조세회피의 목적을 위하여 형식상 위탁자 지위를 이전한 것으로 가장하였다고 봄이 타당하므로, 실질적인 위탁자인 원고들이 여전히 재산세 납세의무를 부담함.

본 건에서 재판부는 신탁계약이 신탁법상 실질을 갖추지 못하여 무효라고 판단하는 한편, 본 신탁의 목적이 오로지 조세회피 목적에 있음을 강조하였다. 현재 납세자는 2심 판결에 불복해 대법원에 상고한 상황이다.

물론 대법원의 판결을 기다려봐야 하지만, 과거에 비해 실질과세 원칙에 점점 더 무게를 두기 시작한 법원의 태도가 유지된다면 납세자가 대법원에서 이를 다시 뒤집기는 어려워 보인다.

수많은 납세자들에게 해당 컨설팅 상품을 팔았을 것을 생각하면, 대법원의 판결이 상당히 많은 납세자에게 영향을 미칠 것으로 보인다.

5 문제의 해결(실질과세 원칙 적용)

신탁을 통한 종합부동산세 절세 컨설팅. 당시의 시대적 분위기와 납세자들의 니즈를 정확히 파악한 컨설팅 상품인 것은 분명해 보인다. 문제가 수면 위로 떠오르지 않는다면 문제될 것이 없었다. 그러나 해당 상품은 실제 문제가 되었고, 실질과세 원칙을 고려하지 않은 컨설팅 상품은 명백한 하자가 있어 보인다.

Tax consultant가 이러한 방법을 생각해 냈을 때는 유레카를 외치며 뛸 듯이 기뻐했을지 모르나, 실질과세까지 고려하지 못한 부분과 공격적인 광고를 통한 컨설팅 구조의 홍보가 문제되어 부메랑처럼 자신에게 돌아올 것이라고는 생각하지 못했을 가능성이 있다. 아니 어쩌면 이미 여기까지 생각했을지도 모를 일이다.

다만, 확실한 것은 주택으로 재산세가 원소유자(원위탁자)에게 과세된 순간 Tax consultant와 납세자 간의 신뢰관계는 금이 갔을 것이다. 대법원이 어떻게 판결할지 그 귀추가 주목된다.

개정판 첨언

2024년 6월 현재까지도 대법원 판결문은 생성되지 않은 상태이다.

Chapter

최근 이슈화된 컨설팅

특허권 활용 컨설팅

1 특허권 활용 절세 컨설팅 일반론

특허권 관련 절세 컨설팅은 상당히 간단하다. 대표이사 등이 특허권을 출원한 후 고액으로 평가받아 이를 법인에 양도함으로써 대표이사는 법인에 쌓여 있는 현금을 낮은 세금을 부담하면서 가져올 수 있는 것(또는 가지급금 상환)이고 법인 입장에서는 취득한 특허권을 무형자산으로 보아 감가상각하며 비용으로 인식할 수 있는 것이다.

특허권을 매각하는 경우 이는 기타소득으로 과세되며(소득세법 제21조 제1항 제7호), 이때 기타소득의 계산은 특허권 매각가액에서 필요경비로 매각가액의 100분의 60을 차감하는 방법으로 한다(소득세법 제37조 제2항 제2호, 동법 시행령 제87조 제1호).

예를 들어 특허권을 매각하고 법인으로부터 1억 원을 받는다면, 6천만 원은 필요경비로 인식 가능하여 4천만 원의 이익에 대해서만 세금을 부담하게 된다.

반면 특허권 보유자가 계약에 의하여 해당 특허권을 일정기간 동안 계속적·반복적으로 사용하도록 하고, 그 대가(실시료)를 지급받는 경우에는 그 대가의 지급방식, 지급시기와 관계없이 사업소득에 해당하는 것이며, 일시적인 특허권의 대여로 인한 대가(실시료)를 지급받는 경우에는 기타소득에 해당한다(소득세법 집행기준 21-0-8).

2 문제의 발단(법인자금 유출, 사적사용)

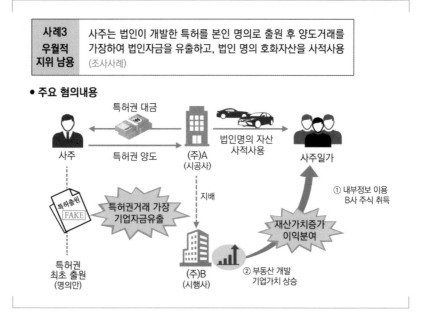

| 사례3
우월적
지위 남용 | 사주는 법인이 개발한 특허를 본인 명의로 출원 후 양도거래를 가장하여 법인자금을 유출하고, 법인 명의 호화자산을 사적사용
(조사사례) |

● 주요 혐의내용

국세청은 최근 보도자료를 통해 특허권 컨설팅에 대해 과세를 경고한 바 있다.

보도자료에 따를 경우 특허권을 활용한 절세 컨설팅은 "우월적 직위남용" 사례에 포함되었다.

국세청은 특허권 관련 컨설팅을 사주 일가가 주주의 비례적 권한을 넘어 기업 의사결정을 좌우하고 이해관계자 집단 전체를 위해 정당하게 분배되어야 할 기업이익을 편취하며, 기업의 상생문화를 훼손하였다고 판단하였다.

그리고 최근 조세심판원 결정례 검토 결과 특허권과 관련하여 무더기로 과세된 사례들과 조세 불복 과정에서 거의 대부분이 기각(납세자 패) 결정을 받고 있다는 사실이 확인된다.

사실 특허권 컨설팅은 오래 전부터 유행하였던 대표적인 고전 컨설팅의 하나라고 할 수 있다.

그럼에도 불구하고 최근 특히 이슈가 되고 있는 것은 다음의 두 가지 이유 때문이라고 생각한다.

첫째, 공격적 영업조직의 등장으로 해당 컨설팅이 다수의 납세자들에게 팔렸다.

둘째, 컨설팅 상품 자체에 근본적인 세법적 하자가 있었다.

3 문제의 본질(연구·개발·출원의 실제성)

그렇다면 특허권 컨설팅과 관련하여 과세 쟁점이 되었던 것들을 하나하나 살펴보자.

첫째, 특허권이 실제 대표이사 등이 본인의 역량과 투자에 따라 특허권을 출원한 것인지 여부가 쟁점이 되었다.

과세관청 및 조세심판원 등은 특허권 취득에 대한 실제 연구·개발 및 출원한 자가 누구인지 확인하기 위해 다음의 항목 등을 검토하였다.

가. 실제 대표이사가 특허권을 출원할 수 있는 역량을 보유했는지 여부
  - 대표이사가 문과 출신으로서 기술 개발과 전혀 접점이 없음에도 고도의 전문성을 갖춘 특허를 출원하는 경우 이는 의심의 대상이 될 것이다.

나. 과거 유사 특허권의 등록이 있었는지 여부
  - 과거 유사한 특허가 존재함에도 그 특허상의 기술을 그대로 가져와 일부만 수정한 뒤 특허를 다시 내는 경우를 적출하기 위함이다.

다. 연구노트 등 연구 및 개발 관련 사실을 입증할 수 있는 증빙이 존재하는지 여부
  - 대표이사 등이 실제 해당 특허를 출원하였는지 검토하기 위한 절차로서 연구노트 등의 자료를 확인한다.

라. 법인이 아닌 대표이사가 실제 연구 및 개발을 했는지 여부
  - 법인의 직원이 개발한 특허의 경우 법인 명의로 등록하는 것이 원칙이다. 그럼에도 불구하고 법인이 개발한 특허를 대표이사 등의 명의로 등록하였는지 여부를 확인한다.

마. 대표이사가 특허권 등록 관련 비용 등을 자비로 충당하였는지 여부
  - 대표이사 등이 특허를 취득하는 경우 특허 관련 제반비용은 모두 대표이사 등이 지출해야 한다. 그럼에도 불구하고 법인이 특허 관련 비용을 지급하는 경우 해당 특허는 대표이사의 특허가 아닌 법인의 특허로 볼 가능성이 높다.

둘째, 특허권의 매각 대가를 직무발명보상금으로 볼 수 있는지 여부가 쟁점이 되었다.

「소득세법」 제20조 제1항 제5호는 직무발명보상금을 근로소득의 하나로 직접 열거·규정하고 있다. 특허권이 매각을 기타소득이 아닌 근로소득의 일종인 직무발명보상금으로 보게 된다면 60%의 필요경비를 인정받을 수 없게 되어 추가적인 세금이 과세된다.

이에 대해 조세심판원은 대부분 아래와 같이 결정하였다.

LAW 조심 2023중9333, 2023.11.22., 조심 2022인5377, 2022.12.29. 외 다수 참조

「발명진흥법」 제2조 제2호는 "직무발명"이란 종업원, 법인의 임원 또는 공무원(이하 "종업원 등"이라 한다)이 그 직무에 관하여 발명한 것이 성질상 사용자 등의 업무 범위에 속하고 그 발명을 하게 된 행위가 종업원 등의 현재 또는 과거의 직무에 속하는 발명을 말한다고 규정하고 있다.

그리고 「발명진흥법」 제10조 제1항은 직무발명에 대하여 종업원 등이 특허 등을 받았거나 특허 등을 받을 수 있는 권리를 승계한 자가 특허 등을 받으면 사용자 등은 그 특허권 등에 대하여 통상실시권(通常實施權)을 가지고, 동법 제15조 제1항은 종업원 등이 직무발명에 대하여 특허등을 받을 수 있는 권리나 특허권 등을 계약이나 근무규정에 따라 사용자 등에게 승계하게 하는 경우 등에는 정당한 보상을 받을 권리를 가진다고 규정하고 있다.

법인의 임원을 포함한 종업원 등이 법인의 업무 범위에 속하고 그 발명을 하게 된 행위가 종업원 등의 현재 또는 과거의 직무에 속하는 발명의 경우 '직무발명'으로서 법인은 그에 대한 통상실시권을 갖고 종업원 등이 법인에 해당 직무발명을 승계하는 경우 정당한 보상을 하여야 한다.

그러므로 해당 보상은 명목 여하에 불구하고 「소득세법」 제20조 제1항 제5호에 따라 '종업원 등 또는 대학의 교직원이 지급받는 직무발명보상금'으로서 종업원 등의 근로소득에 해당하는 것이라 할 것이므로, 청구법인이 쟁점특허권 취득의 대가를 「소득세법」 제21조 제1항 제7호에 따른 산업재산권 양도대가인 기타소득으로 하여 원천징수한 것은 잘못이 있다고 판단된다.

결국 조세심판원은 특허권의 매각 대가를 직무발명보상금으로 보아 근로소득세를 과세하는 것이 타당하며 납세자가 특허권의 매각 대가를 기타소득으로 보아 60%의 필요경비를 공제한 것은 잘못이라고 결정하였다.

셋째, 직무발명보상금의 지급액이 과다한지 여부가 쟁점이 되었다 (조심 2021부3676, 2022.11.21).

납세지 관할 세무서장 또는 관할 지방국세청장은 내국법인의 행위 또는 소득금액의 계산이 특수관계인과의 거래로 인하여 그 법인의 소득에 대한 조세의 부담을 "부당하게 감소"시킨 것으로 인정되는 경우 (이하 "부당행위")에는 그 법인의 행위 또는 소득금액의 계산과 관계없이 그 법인의 각 사업연도의 소득금액을 계산한다(법인세법 제52조 제1항).

위의 법령을 적용할 때에는 건전한 사회 통념 및 상거래 관행과 특수관계인이 아닌 자 간의 정상적인 거래에서 적용되거나 적용될 것으로 판단되는 가격(이하 "시가")을 기준으로 한다.

결국 법인이 특수관계인과 거래할 때에는 시가로 해야 하며, 비용을 과다하게 계상하여 세금을 적게 낸 경우에는 위의 조항을 통해 시가로 거래한 것으로 보아 과다하게 인식한 비용을 부인하는 것이다.

특허권 이야기로 돌아와서 조세심판원은 법인이 대표에게 시가에 비해 과도한 직무발명보상금을 지급한 사안에서 법인이 대표이사에게 지급하는 직무발명보상금이 정당한 직무발명보상금에 해당한다 하더라도 특수관계인에 대하여 "시가"를 초과하여 지급한 직무발명 보상금은 부당행위계산 대상으로 보아 손금에 산입할 수 없다고 결정 하였다.

4 결어(관련 법규 이해 및 적용)

과거부터 특허권은 가지급금 해결 컨설팅의 효자 역할을 톡톡히 하였다. 특히 세법 개정 전에는 특허권 매각에 따른 필요경비가 80% 까지 인정되어 절세효과가 매우 컸기 때문이다. 그러다 보니 이러한 특허권을 활용한 컨설팅이 무분별하게 자행되었고 결국 이러한 컨설팅은 과세관청 사정의 칼날을 맞게 되었다.

과세관청의 정보력이 점차 증가됨에 따라 이전에는 무관심 속에 넘어갔던 절세 컨설팅들이 천천히 수면 위로 떠오르며 과세되고 있는 것으로 보인다.

당장의 절세효과에 혹하여 묻지마 컨설팅을 받기보다는 과세 리스크 등을 꼼꼼히 분석하여 철저한 대비를 마치고 절세 컨설팅을 받는 것이 현명한 처사라 생각된다.

2 사내근로복지기금 컨설팅

1 사내근로복지기금 활용 절세 컨설팅 일반론

사내근로복지기금은 근로자의 복지를 증진하기 위해 기업이 출연한 기금을 말한다. 이 기금은 주로 기업이 출연한 자금으로 구성되며, 근로자의 생활 안정을 도모하고, 근로 환경을 개선하는 데 사용된다. 사내근로복지기금의 주요 목적 및 기능은 다음과 같다.

(가) 근로자 복지 증진

사내근로복지기금은 근로자와 그 가족의 생활 안정을 위해 다양한 복지 혜택을 제공한다. 예를 들어, 주거 안정 지원, 교육비 지원, 의료비 지원 등이 포함된다.

(나) 근로 환경 개선

기금을 통해 근로 환경을 개선하고, 근로자의 직무 만족도를 높이는 다양한 프로그램을 운영한다. 이는 근로자의 생산성 향상으로 이어질 수 있다.

(다) 긴급 지원

갑작스러운 사고나 재난 등으로 어려움을 겪는 근로자에게 긴급 지원을 제공하여 경제적 부담을 덜어준다.

사내근로복지기금은 근로자의 생활 질 향상과 안정된 노동환경을 조성하는 데 중요한 역할을 하며, 근로자 복지를 통해 기업의 이미지와 경쟁력을 향상시킬 수 있다는 장점이 있다.

근로자에 대한 혜택이 큰 만큼 사내근로복지기금에 대해서는 많은 혜택을 주고 있다. 사내근로복지기금을 운영함에 따른 혜택은 다음과 같이 요약할 수 있다.

가. 법인이 사내근로복지기금에 출연한 출연금을 비용으로 인정
나. 사내근로복지기금이 출연받은 재산에 대한 증여세 비과세
다. 피상속인이 사내근로복지기금에 유증한 재산 상속세 비과세
라. 근로자가 사내근로복지기금으로부터 받은 혜택 중 일부는 근로자에 대한 소득세 비과세
마. 기금조성을 위해 대부분의 자산 출연 가능
바. 해산한 기금은 재산은 "미지급 임금 등"을 우선 지급하고 남은 재산은 "정관으로 지정한 자"에게 귀속

2 문제의 발단(기금의 법인세 면제혜택)

사내근로복지기금은 근로복지기본법에 따라 직원들에게 다음의 혜택을 부여할 수 있다.

근로복지기본법 시행규칙 제26조

【근로복지시설의 범위】

① 법 제62조 제1항 제5호에 따른 근로복지시설은 다음 각 호와 같다.
   1. 근로자를 위한 기숙사
   2. 사내구판장
   3. 보육시설. 다만, 「영유아보육법」 제14조 제1항에 따라 사업주가 설치·운영할 의무가 있는 직장보육시설은 제외한다.
   4. 근로자를 위한 휴양 콘도미니엄
   5. 근로자의 여가·체육 및 문화 활동을 위한 복지회관
   6. 「소득세법 시행규칙」 제9조의 2 제1항에 따른 사택
   7. 법 제86조의 3에 따른 공동근로복지기금법인이 근로자의 주거안정을 위하여 근로자에게 무상 또는 저가로 제공하는 주택
② 제1항에 따른 근로복지시설은 이용근로자 수를 고려하여 적정한 규모로 하여야 한다.

사내근로복지기금에 대한 세제 혜택이 워낙 매력적이다 보니 시장에선 컨설턴트들이 회사에 사내근로복지기금을 설립해 주고 대가를 수령하는 컨설팅이 유행하고 있다.

특히 근로복지기본법 시행규칙 제4호 콘도회원권의 구입과 제5호 체육 문화시설 지원이 가능한 점을 이용하여 콘도회원권과 골프회원권 구입을 권유하는 사례도 많다.

3 문제의 본질(기금의 공평·정당한 운용)

사내근로복지기금의 핵심은 근로자에게 혜택을 부여하기 위한 것으로서 근로자 전체에게 동일한 혜택을 줄 수 있는 지 여부이다.

그러므로 특정인을 지원하기 위한 목적으로 사내근로복지기금이 사용되는 경우 이는 사내근로복지기금의 설립 취지를 몰각하게 되는 것이다. 예를 들어 전체 직원 중 일부만 해당 혜택을 누릴 수 있게 규정하거나, 일부 직원만이 다른 직원에 비해 과도한 혜택을 받는 경우, 또는 규정상 모든 직원이 혜택을 누릴 수 있게 하였으나 실제로는 일부 직원만이 혜택을 받는 경우라면 사내근로복지기금과 관련한 세제 혜택을 박탈할 수 있는 것이다.

4 결어(근로복지기본법 엄격 준수)

사내근로복지기금은 근로자의 복지를 증진하고 생활의 안정을 도모하기 위해 기업이 자발적으로 기금을 조성하고, 이를 통해 근로자들에게 다양한 복지 혜택을 제공하기 위한 것이다. 그럼에도 불구하고 단순히 절세 효과를 위하여 사내근로복지기금을 활용한다면 차후 조사 과정에서 문제가 될 수 있다는 것을 미리 인지하길 바란다.

3 재산가치 증가에 따른 절세 컨설팅

1 문제의 발단(직계비속 주주구성, 사업시행)

부동산을 건설 및 판매(이하 '시행')하시는 대표들로부터 가장 많이 듣는 질문 중 하나는 법인을 설립해서 주주로 아들, 딸 등 직계비속을 넣은 뒤 시행을 하는 경우 자식에 대한 증여세 과세 이슈가 발생하는지 여부이다.

과거 이슈화되었던 쟁점들이 2023년 대법원 판례 생성으로 인해 일부 정리되었기에 해당 내용에 대해 설명하고자 한다.

2 문제의 본질(개발사업 시행의 범위)

과세관청은 미성년자 등이 비상장법인의 주식을 취득한 후 5년 이내에 해당 법인이 개발사업의 시행 등 재산가치 증가 사유로 인해 이익을 얻어, 비상장주식의 가치가 상승한 경우 그 상승분에 해당하는 이익에 대해 증여세를 과세하였다. 그 근거는 바로 상증법 제42조의 3[재산 취득 후 재산가치 증가에 따른 이익의 증여](이하 "쟁점조문"이라 합니다)이다.

쟁점조문은 미성년자 등 대통령령으로 정하는 자가 '특수관계인으로부터 기업의 경영 등에 관하여 공표되지 아니한 내부 정보를 제공받아 그 정보와 관련된 재산을 유상으로 취득한 경우' 등 일정한 사유로 재산을 취득하고 그 재산을 취득한 날부터 5년 이내에 개발 사업의 시행, 형질변경, 공유물 분할, 사업의 인가·허가, 주식·출자 지분의 상장 및 합병 등 대통령령으로 정하는 사유(이하 '재산가치 증가사유'라 한다)로 인한 그 재산가치의 증가에 따른 이익으로서 대통령령으로 정하는 기준 이상의 이익을 얻은 경우에는 그 이익을 얻은 자의 증여재산가액으로 한다고 규정하고 있다.

쟁점조문에 따른 과세와 관련하여서는 항상 2가지 쟁점이 항상 대두되어 왔다. 첫 번째 쟁점은 재산가치 증가사유인 "개발사업의 시행"의 범위를 어떻게 볼 것인가 이고, 두 번째 쟁점은 재산가치 증가사유로 인해 법인의 주식가치가 증가하여 주주가 얻게 되는 간접적인 이익(주식가치 증가분)을 과세대상으로 삼을 수 있는지 여부이다.

3 문제의 해결(완전포괄주의 범주)

대법원은 두 번의 판결(대법원 2019두31921, 2023. 6. 1., 대법원 2018두41327, 2023. 6. 29.)을 거쳐 위의 두 가지 쟁점에 대해 다음과 같은 결론을 도출하였다.

첫째, 상증세법 제42조 제4항의 '개발사업'은 적어도 '행정청의 개발구역 지정·고시가 수반된 것으로서 그 대상 토지를 개발하여 그 토지가치를 증가시키는 사업'을 의미한다고 볼 수 있다. 따라서 공장의 완공 등은 기업이 제품생산을 위하여 개별적으로 공장 건물을 신축한 것에 불과하고 여전히 구 상증세법 제42조 제4항에서 정한 '개발사업의 시행'에 해당한다고 볼 수 없다(대법원 2019두31921, 2023. 6. 1. 참조).

둘째, 재산가치 증가사유와 주식가치 증가분 사이에 인과관계가 인정된다면 그 이익도 과세대상으로 볼 수 있어, 법인의 이익에 따른 주식가치의 증가 역시 증여세 과세가 가능하다(대법원 2018두 41327, 2023. 6. 29. 참조).

과세관청 입장에서 보았을 때 1승 1패를 기록한 것처럼 보이나 그 한 번의 패배가 과세관청 입장에서는 뼈아플 것이다. 과거의 경험에 비추어 보았을 때 과세관청은 두 가지 방법을 통해 패배에 대한 설욕을 준비할 것으로 보인다.

첫째, 대법원 2019두31921, 2023. 6. 1.에서 과세관청과 납세자 간에 다툼의 원인이 된 증여세 과세 이후에 개정된 상증법 제4조 제1항 제6호(이하 '완전포괄주의')를 원용하여 과세를 유지하는 방법이 있다. 완전포괄주의는 증여세의 과세를 열거한 경우와 경제적 실질이 유사한 경우 등에 대해 증여재산의 가액을 계산할 수 있는 경우 증여세의 과세가 가능하다고 적시한 조문이다.

대법원 2019두31921, 2023. 6. 1. 건의 경우 과세관청이 납세자에게 2014년 증여에 대해 과세를 한 것이고, 완전포괄주의는 2015년 12월에 상증세법 개정을 통해 생성되었기 때문에 2015년 12월 이후의 과세에 대해서는 완전포괄주의에 따라 과세 유지가 가능하다고 주장할 가능성이 높다.

둘째, 대법원 판결 이후의 과세를 견고히 하기 위해 상증법의 추가적인 개정을 통해 쟁점조항을 보완하여 과세를 유지하는 방안이다. 재산가치 증가 사유의 범위를 확대하여 법령에 구체적으로 적시하는 등의 방법을 통하여 쟁점조항에 따른 과세 범위를 확대하여 과세의 정당성을 확보하는 방안이 있다.

반면, 과세관청의 한 번의 승리는 과세관청의 강력한 창으로서 작용할 것으로 보인다. 과세관청은 이후에도 간접적인 재산가치 증가에 대해 쟁점조항을 근거로 증여세를 적극 과세할 가능성이 높다. 다만 간접적인 재산가치의 증가의 범위를 어디까지로 볼 수 있는지가 쟁점이 될 가능성이 매우 높아 보인다.

필자는 과거 부동산 시행사를 운영하는 분들로부터 매번 비슷한 질문을 받았다. "세무사님, 제 자식을 법인 주주로 넣은 다음에 해당 법인으로 시행을 해도 괜찮을까요?"

자식을 주주로 참여시켜 법인의 가치를 키우는 것은 증여의 방법 중 상당히 세련된 형태임이 분명하다. 그리고 필자는 대부분 아래와 같이 답변했었다.

"예, 대표님 보유 법인에 자녀들을 포함시키는 것은 적법한 절차만 거친다면 당연히 됩니다. 다만 과세 이슈가 있을 뿐입니다. 현재 시행 법인 관련 증여세 과세와 관련하여 대법원에서 명확히 정리된 사안은 없습니다. 그러므로 세무조사가 나온다면 세무조사 단계에서는 증여세를 과세당할 가능성이 매우 높습니다."

그리고 대법원 판결이 나온 현재로서는 필자는 다음과 같이 조언할 것이다.

"대표님, 대표님 보유 법인에 자녀들을 포함시키는 것은 적법한 절차만 거친다면 당연히 됩니다. 다만 과세 이슈가 있을 뿐입니다. 현재 대법원은 시행에 따라 법인의 주식가치 증가분에 대해 과세가 가능하다고 판시하였습니다.

다만, 시행의 범위를 행정청의 개발구역 지정 및 고시가 수반된 것을 말하므로 단순히 건물을 지어서 파는 것은 증여세 과세대상으로 보지 않을 가능성이 다소 높습니다. 그럼에도 불구하고 상증법 완전포괄주의에 따라 과세 리스크는 분명 존재한다는 것은 참고 부탁드립니다."

4 결어(사전대처 및 조세불복)

두 차례에 걸친 대법원의 판결로 인해 안개 속에 있었던 쟁점조문과 관련한 과세 쟁점이 어느 정도 수면 위로 올라왔다. 그러므로 납세자 입장에서는 전문가의 도움을 받아 차후에 발생할 수 있는 과세에 대해 준비할 필요가 있으며, 이미 과세가 되었다면 조세불복을 통해 구제 가능한지에 대해 적극 검토하여야 할 것이다.

법인을 통한 상속세 절세 컨설팅

1 문제의 발단(절세와 가업승계)

최근에 법인을 활용한 상속 및 증여에 대한 문의가 많다. 확실히 법인을 활용할 경우 사업을 하는 납세자 측면에서 직접적인 주식의 증여에 비해 더 많은 비용을 세이브하고 가업을 승계할 수 있다는 장점이 있다.

여러 가지 방법이 있겠지만 시중에 이미 알려진 내용 중 하나를 소개하려 한다.

2 불균등저가감자(감자에 따른 이익 증여)

우선 불균등저가감자가 무엇인지 알아야 한다. A법인이 A법인의 주식을 주주들로부터 취득하여 취득한 주식을 소멸(소각)시키는 것을 감자라고 한다. 예를 들어 A법인이 발행한 주식의 수가 100주이고

1주당 주식의 가격이 100원인 경우 법인이 주주들로부터 50주를 매입하여 이를 소각하는 경우 A법인의 주식은 50주만 남게 되는 것이다. 과거 회사의 가치를 100주로 나누어 주주들이 소유하였다면 50주를 감자한 후에는 회사의 가치를 50주로 나누어 주주들이 소유하게 되는 것이다. 자연스럽게 1주당 가치는 상승한다.

원칙적으로 법인이 주식을 매입하여 소각하는 감자는 주주들로부터 균등한 비율로 취득하여야 하는 것이다. 그러나 A법인이 주주들로부터 상이한 비율로 주식을 취득하여 소각하는 것도 상법상 가능한데 이를 불균등감자라고 한다. 다만, 이러한 불균등감자를 하기 위해서는 이사회와 주주총회를 통한 특별 결의가 있어야 한다.

또한 A법인이 주주들로부터 A법인의 주식을 취득하여 소각할 때 그 주식의 취득가액은 시가로 하는 것이 원칙인데, 일반적으로 비상장주식의 시가는 상속세 및 증여세법에서 정한 보충적 평가방법에 따른 주식의 평가 방법을 활용하여 평가한다. 만약 A법인의 주식 1주가 5,000원으로 평가되었다면 일반적으로 A법인은 주주들로부터 A법인의 주식을 1주당 5,000원에 취득하여야 하나 금액을 달리하여 5,000원보다 싼 가격으로 주식을 취득하여 소각하는 것을 저가감자라고 한다.

결국 불균등저가감자라는 것은 A법인이 A법인의 주식을 주주들로부터 불균등한 비율로 시가보다 낮은 가격에 매입한 뒤 소각하는 것을 말한다.

일반적으로 불균등저가감자를 하는 경우 저가감자에 참여하는 주주는 불이익을 받게 되고 참여하지 않은 주주는 이익을 얻게 된다. 그 이유는 시가가 10,000원인 주식을 법인에 1,000원을 받고 넘겨야 하는 주주 입장에서는 9,000원이 손해인 것이며, 반면에 불균등저가 감자에 참여하지 않는 주주 입장에서는 가만히 있어서도 법인의 전체 주식수가 줄어들고 그에 따라 본인의 법인에 대한 주식비율이 저절로 늘어나기 때문이다.

그러한 연유로 상증법은 이러한 거래에 대해 아래의 조문을 통하여 증여세 과세를 가능하게 하였다.

상증법 제39조의 2

【감자에 따른 이익의 증여】

① 법인이 자본금을 감소시키기 위하여 주식 등을 소각(消却)하는 경우로서 일부 주주 등의 주식 등을 소각함으로써 다음 각 호의 구분에 따른 이익을 얻은 경우에는 감자(減資)를 위한 주주총회결의일을 증여일로 하여 그 이익에 상당하는 금액을 그 이익을 얻은 자의 증여재산가액으로 한다. 다만, 그 이익에 상당하는 금액이 대통령령으로 정하는 기준금액 미만인 경우는 제외한다. (2015. 12. 15. 개정)
1. 주식 등을 시가보다 낮은 대가로 소각한 경우: 주식 등을 소각한 주주 등의 특수관계인에 해당하는 대주주 등이 얻은 이익

③ 불균등저가감자 컨설팅

상증법에 의하여 불균등저가감자를 하는 경우 감자에 참여하지 않은 주주에 대해서는 증여세가 과세될 수 있다. 그렇다면 증여세를 피해갈 수 있는 방법은 없을까? 결론부터 이야기하면 있다. 법인을 활용하면 된다.

방법은 다음과 같다.

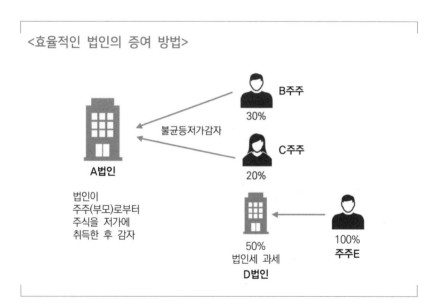

<효율적인 법인의 증여 방법>

위 그림에 따를 경우 A법인에 주주 B, C, D가 있다. 그리고 주주 D법인은 주주 B와 C의 직계비속인 주주 E가 100% 지배하는 법인이다.

A 법인이 주주 B와 C로부터 주식을 저가에 매입하여 소각하는 경우를 가정하자. 주식의 시가는 10,000원이고 액면가액은 5,000원이다. 그리고 A 법인은 총 1,000주의 주식을 발행했다. A법인은 주주 B와 주주 C로부터 주식을 5,000원에 매입하여 소각하고, 주주 D로부터는 주식을 취득하지 않는다.

위의 행위에 따라 주주 B와 C는 법인이 주주들에게 지급하는 감자대가와 주주들이 실제 해당 주식을 취득한 가액의 차액에 대해 의제배당으로 배당소득세가 과세되어야 한다. 다만 이때 한 주에 5,000원짜리 주식을 취득하였고 법인으로부터 감자대가로 한 주에 5,000원을 받는다면 감자에 참여한 주주입장에서 이익이 발생하지 않으므로 의제배당으로 과세되는 금액은 '0'원이 된다.

그렇다면 이러한 행위가 법인세법상 부당행위계산 부인대상이 되어 주주들이 시가로 감자대가를 수령한 것으로 보아 추가로 과세되지는 않을까?

국세청은 이에 대해 다음과 같이 해석하고 있다.

소득 46011-21166, 2000.9.22.

법인이 자본감소절차의 일환으로 상법 제341조의 규정에 의하여 주주로부터 자기주식을 취득하여 이를 소각하는 경우 당해 주주가 법인으로부터 받는 금액이 당해 주식을 취득하기 위하여 소요된 금액을 초과하는 때에는 그 초과하는 금액은 소득세법 제17조 제2항 제1호의 규정에 의하여 의제배당에 해당하는 것이며, 이 경우 의제배당소득에 대하여는 소득세법 제41조의 규정에 의하여 부당행위계산의 부인을 하지 아니하는 것입니다.

결국 저가감자에 대해서는 부당행위부인 규정을 적용할 수 없는 것이다.

불균등저가감자를 통해 주주 B와 C가 손해를 보고 그러한 손해는 주주 D의 이익이 된다. 주주 D는 가만히 앉은 자리에서 A법인에 대한 지분비율이 커지기 때문이다. 이러한 상황에서 법인주주 D는 이러한 이익에 대해 법인세가 과세된다.

그렇다면 D법인의 100% 주주인 주주 E 역시 법인 D를 통하여 법인 A에 대한 지배권이 늘어난다. 그렇다면 주주 E에게 증여세 과세가 가능할까?

사전-2022-법규재산-1318, 2023.7.21.

귀 사전답변 신청의 사실관계와 같이, 「상속세 및 증여세법」 제45조의 5 제1항에 따른 특정법인(B)이 주주인 내국법인(A)이 유상감자를 실시하는 경우로서 내국법인(A)의 주주 중 개인주주(특정법인의 지배주주와 「상속세 및 증여세법 시행령」 제2조의 2 제1항 제1호에 따른 특수관계에 있는 자 포함)만 저가 유상감자에 참여하여 특정법인(B)이 이익을 분여받은 경우, 특정법인(B)의 지배주주에 대하여는 「상속세 및 증여세법」 제45조의 5의 규정을 적용하여 증여세를 과세할 수는 없는 것임.

국세청 해석은 불균등감자에 따라 주주인 법인(법인 D)에 이익이 발생한 경우 법인 D의 지배주주인 주주 E에 대한 증여세 과세는 불가하다고 해석하였다.

불균등저가감자를 통하여 주주 B와 C가 법인 A에 대한 지배권을 잃고 법인 D가 법인 A의 최대주주가 되는 경우 간주취득세 문제는 발생하지 않을까?

과점주주 간주취득세의 경우 납세의무자를 과점주주와 그 특수관계인의 지분을 전체적으로 고려해서 판단한다. 과점주주와 특수관계자의 지분 전체가 증가하면 간주취득세 관세 대상이 되는 것이나 과점주주와 특수관계자의 지분의 합이 그대로이거나 줄어드는 경우에는 과점주주에 대한 간주취득세 이슈가 발생하지 않는다.

과점주주와 그 특수관계인의 범위를 판단할 때 개인 또는 법인이 직접 또는 그와 친족관계 또는 경제적 연관관계에 있는 자를 통하여 본인인 법인의 경영에 대하여 지배적인 영향력을 행사하고 있는 경우 그 개인 또는 법인 역시 과점주주의 특수관계자로 본다. 그러므로 주주 B, C의 친족관계인 E가 D법인의 최대주주로서 경영에 대하여 지배적인 영향력을 행사하고 있는 경우에는 이미 특수관계인으로 묶여 있는 것이다.

그러므로 주주 B, C, D 사이에 지분의 변동이 있다고 하여 간주취득세 문제는 추가적으로 발생하지 않는 것이다.

4 문제의 해결(실질과세 원칙 적용)

불균등저가감자를 통한 법인의 승계의 경우 실질과세 원칙을 적용하여 법인의 뒤에 숨어 있는 주주 E에 대한 과세 시도가 있을 수 있다. 그러나 현행법 상 이러한 과세에 대한 과세 유지는 쉽지 않아 보인다.

Chapter **5**

국세청, 탈세방지 시스템

1. 금융정보분석원(FIU)과 국세청 공조 강화

2. 조기경보시스템 구축 활용

3. 디지털 포렌식 조사 전담조직 가동

4. 과세자료의 제출 및 관리에 관한 법률

5. 탈세제보 접수·활용과 포상금

6. 차세대 국세통합시스템(NTIS)

7. 해외금융계좌 신고제도(FBAR)

국세청에서는 탈세를 방지하기 위해 포렌식 조사팀 운영, 빅데이터 조사팀 운영, NTIS 차세대 국세통합시스템 구축 등 조사인프라를 고도화하고, 검찰청·금융위원회 등 유관 기관과의 공조 강화, 탈세정보 수집·분석·추적 기능 강화, 조사요원의 정예화 등 다양한 노력을 경주하고 있다.

아울러 탈세를 방지하고 적출하기 위해 선진화된 시스템과 제도를 계속 발전시켜 나가고 있다. 그렇다면 국세청에서는 어떤 시스템과 제도를 어떻게 활용하여 탈세를 적출하고 있을까?

이에 대해 살펴보자.

금융정보분석원(FIU)과 국세청 공조 강화

국세청, 최근 7년간 FIU 정보 세무조사 활용으로 연평균 2조 3,600억 추징

국세청은 2013년 11월 FIU 정보 활용 범위 확대에 따라 조사업무 및 체납징수업무에 FIU 정보를 활용해 고의적인 탈세행위에 엄정 대응하고 있다. FIU법 개정 전에는 조세범칙 업무만 정보를 활용할 수 있었다.

국세청 관계자는 1일 본지 전화통화에서, "각 은행별 전산시스템이 구축돼 있어 하루동안 동일 은행에서 1,000만 원 이상 현금거래가 이뤄지면 자동으로 FIU에 고액현금거래(CTR)가 보고된다."며, "FIU는 자체분석 후 이상이 있는 내용을 국세청, 관세청, 검찰청, 경찰청 등 법집행기관에 통보한다."고 설명했다.

은행 등 금융기관들은 이 법에 따라 의심이 가는 금융거래정보를 FIU에 스스로 보고해야 한다. 국세청이 자체 파악한 혐의로 금융기관에 공식 절차를 밟아 금융거래정보를 받는 경우도 있다.

고액현금거래보고(Currency Transaction Report, CTR) 의무에 따라 금융기관은 1,000만 원 이상의 고액 현금거래 발생 때 30일 안에 FIU에 보고해야 하며, 자금세탁 등이 의심되는 '이상한 거래(Strange Transaction)'에 대해서도 의심거래보고(STR)를 해야 한다.

출처: NTN(2021. 10. 1.)

금융정보분석원(FIU) 설립 배경과 역할

FIU의 설립 배경을 찾고자 한다면 2001년으로 돌아가야 한다. 2001년에 세계를 뒤흔든 큰 사건이 터졌다. 필자 역시 이것이 영화의 한 장면이 아닌가 하는 착각을 불러일으킬 정도로 처참한 사건이었다. 그 사건은 바로 미국 뉴욕에서 발생한 9·11 테러였다.

2001년 9월 11일 테러 단체인 알카에다가 비행기를 하이재킹하여 미국의 뉴욕 맨해튼에 위치한 세계무역센터 쌍둥이 빌딩에 그대로 돌진한 사건이었다. 미국을 포함한 전 세계를 충격과 공포의 도가니로 몰아넣었던 이 사건을 지켜본 대한민국 정부와 국회는 화들짝 놀랐다.

그리고 사전에 테러리스트들의 자금줄을 죄기 위해 테러자금방지법을 국가정보원의 발의로 국회 정보위원회에 제출하였다. 그러나 테러자금방지법은 국가인권위원회와 시민단체들의 반발에 부딪혀 입법이 무산되었다.

당시 테러자금방지법은 입법이 무산되었으나 "특정 금융거래정보의 보고 및 이용 등에 관한 법률(이하 '특정금융정보법')"이 제정되었고, 범죄자금의 자금 세탁행위와 외화의 불법유출을 방지하기 위한다는 명목으로 관계 법령에 따라 FIU(금융정보분석원) 조직이 창설되었다.

FIU는 금융회사 등으로부터 보고받은 의심스러운 거래정보를 분석하여 범죄자금 또는 자금세탁 관련이 있다고 판단한 경우 해당 정보를 국세청, 검찰청, 경찰청 등 법집행기관에 제공하는 역할을 한다.

이때 특정금융정보법에 따라 금융회사는 다음의 의무를 진다.

첫째, 불법재산 등으로 의심되는 거래의 보고(STR)

 특정금융정보법 제4조

【불법재산 등으로 의심되는 거래의 보고 등】

① 금융회사 등은 다음 각 호의 어느 하나에 해당하는 경우에는 대통령령으로 정하는 바에 따라 지체 없이 그 사실을 금융정보분석원장에게 보고하여야 한다. 〈개정 2013. 8. 13., 2014. 5. 28., 2020. 3. 24.〉

1. 금융거래 등과 관련하여 수수(授受)한 재산이 불법재산이라고 의심되는 합당한 근거가 있는 경우
2. 금융거래 등의 상대방이 「금융실명거래 및 비밀보장에 관한 법률」 제3조 제3항을 위반하여 불법적인 금융거래 등을 하는 등 자금세탁행위나 공중협박자금조달행위를 하고 있다고 의심되는 합당한 근거가 있는 경우
3. 「범죄수익은닉의 규제 및 처벌 등에 관한 법률」 제5조 제1항 및 「공중 등 협박목적 및 대량살상무기확산을 위한 자금조달행위의 금지에 관한 법률」 제5조 제2항에 따라 금융회사 등의 종사자가 관할 수사기관에 신고한 경우

금융거래와 관련된 불법재산 수수, 금융거래 상대방의 자금세탁행위가 의심되는 합당한 근거가 있는 경우에는 금융기관 등의 직원은 그 내용를 FIU에 보고하여야 한다.

금융거래 시 실명노출을 기피한다던지, 거래에 대한 합당한 답변을 제공하지 않는다던지, 특별한 사유 없이 복수의 계좌를 개설하는 등의 의심스러운 행동은 FIU로 보고될 가능성이 높다.

둘째, 금융회사 등의 고액 현금거래보고(CTR)

 특정금융정보법 제4조의2

【금융회사 등의 고액 현금거래 보고】

① 금융회사 등은 5천만 원의 범위에서 대통령령으로 정하는 금액[5] 이상의 현금(외국통화는 제외한다)이나 현금과 비슷한 기능의 지급수단으로서 대통령령으로 정하는 것(이하 "현금 등"이라 한다)을 금융거래 등의 상대방에게 지급하거나 그로부터 영수(領收)한 경우에는 그 사실을 30일 이내에 금융정보분석원장에게 보고하여야 한다. 다만, 다음 각 호의 어느 하나에 해당하는 경우에는 그러하지 아니하다. 〈개정 2020. 3. 24.〉

1. 다른 금융회사 등(대통령령으로 정하는 자는 제외한다)과의 현금 등의 지급 또는 영수

2. 국가, 지방자치단체, 그 밖에 대통령령으로 정하는 공공단체와의 현금 등의 지급 또는 영수

3. 자금세탁의 위험성이 없는 일상적인 현금 등의 지급 또는 영수로서 대통령령으로 정하는 것

② 금융회사 등은 금융거래 등의 상대방이 제1항을 회피할 목적으로 금액을 분할하여 금융거래 등을 하고 있다고 의심되는 합당한 근거가 있는 경우에는 그 사실을 금융정보분석원장에게 보고하여야 한다. 〈개정 2020. 3. 24.〉

금융기관 등이 금융거래의 상대방에게 1일 동안 1천만 원 이상의 현금을 지급하거나 영수하는 경우 FIU에 자동적으로 보고된다.

---

[5] 2006년 최초 도입 후 보고기준금액(5천만 원)을 단계적으로 인하하여 운영 2024년 7월 현재 1천만 원

이때 1천만 원 이하로 분할하여 여러 차례 출금하는 경우 역시 문제가 되며, 현금 출금에는 ATM 및 야간금고 출금 그리고 수표, 어음, 양도성 예금증서 등 유가증권을 제시하고 현금으로 교환하거나 그 반대의 경우 역시 FIU에 보고되는 점을 참고하기 바란다.

FIU가 정보를 제공하는 기관은 국세청, 검찰청, 경찰청, 관세청, 국가정보원, 중앙선거관리위원회 등이 있으며, 금융기관 등이 FIU에 정보를 제공하지 않는 경우 2,000만 원 상당의 과태료가 부과된다.

📝 13-11. FIU 제공정보 이용 조사 현황

[단위: 건, 억 원]

구분	조사 건수	추징세액	건당 추징세액
2018년	14,514	24,635	1.7
2019년	13,778	23,868	1.7
2020년	13,490	20,329	1.5
2021년	12,888	20,807	1.6
2022년	12,576	20,052	1.6

📝 13-12. FIU 제공정보 체납징수 활용 현황

[단위: 명, 억 원]

구분	체납자 수	현금징수	건당 징수세액
2018년	6,128	5,035	0.8
2019년	6,865	5,770	0.8
2020년	5,192	4,662	0.9
2021년	4,074	3,722	0.9
2022년	5,076	3,437	0.7

국세청 통계자료에 따를 경우 FIU 정보를 이용한 세무조사 건수는 조사건수 대비 90%를 넘었고, 추징한 세액은 2조 원이 넘는다. 특히 FIU는 체납업무에도 적극 활용되는데, FIU를 통한 체납자에 대한 현금 징수 금액은 연간 4,700억 원에 달한다.

과거에는 조세범칙혐의를 확인하는 조사에만 FIU 정보를 활용할 수 있었다. 하지만 관계법령을 개정하여 '조세탈루혐의 확인을 위한 조사 및 체납의 은닉재산 추적업무'까지 그 활용 범위가 확대되면서 FIU 자료는 국세청의 효자 노릇을 톡톡히 하고 있다.

FIU 자료의 활용은 이후에도 계속하여 급증할 것으로 보인다.

2 조기경보시스템 구축 활용

세금계산서는 재화 등을 공급하는 사업자에게는 매출세액의 증빙 서류가 되고, 공급받는 사업자에게는 매입세액의 증빙서류가 되어 매입 세액의 공제를 통한 부가가치세액의 과세자료가 될 뿐만 아니라, 매출과 비용을 증빙하는 증빙서류로서 법인세와 소득세 등의 과세표준 및 세액의 결정에 있어서도 중요한 과세자료가 된다고 앞에서 설명 하였다.

국세청은 세무거래 투명성 확보 및 납세협력비용 절감을 위해 2010년 부터 전자세금계산서 제도를 도입 및 운영하고 있으며, 2012년 초부터 전자세금계산서 발급상황을 실시간으로 감시하여 자료상(실제 거래 없이 세금계산서만을 무단으로 발행하고 그 대가로 일정 수수료를 받는 자) 등 부당 거래자를 조기색출할 수 있는 [전자세금계산서 조기경보 시스템] 을 개발하여 운영 중이다.

조기경보시스템 통해 7조 7천억 원 적출

국세청은 세무거래 투명성 확보 및 납세협력비용 절감을 위해 2010년부터 전자세금계산서 제도를 도입·운영하고 있다.

아울러 전자세금계산서 발급상황을 실시간으로 감시함으로써 자료상 등 부당 거래자를 조기색출할 수 있는 '전자세금계산서 조기경보시스템'을 개발해 운영 중이다.

조기경보시스템은 자료상 혐의자 등에 대해 최초의 거짓 세금계산서 교부자부터 최종 거래자까지 흐름을 신속하고 간단하게 파악·분석이 가능해, 이들 거래자 전체에 대해 신속한 경보발령 및 조사가 가능하게 됐다.

국세청 관계자는 "발령조건 정교화 등 조기경보시스템 고도화를 통해 신종 자료상 출현에 신속히 대응하는 최첨단 시스템으로 운영할 방침"이라며 "전부자료상은 물론 정상사업을 하면서 지능적으로 일부는 거짓 세금계산서를 발급하는 부분 자료상을 중점 감시하겠다"고 밝혔다.

출처: 한국세정신문(2013. 4. 9.)

전자세금계산서 조기경보시스템은 전자세금계산서 발급 상황을 실시간으로 감시하여 조기에 자료상을 색출하는 "신고 전 조기경보시스템"과 신고내용을 종합분석하여 매입세액부당공제 등 불성실 사업자를 적발하는 "신고 후 조기검증시스템"으로 구성된다.

주요 발령 유형은 다음과 같다.

· 개업 후 1년 내 폐업한 자 중 고액의 세금계산서를 발급한 자
· 매출/매입 불균형자, 전자세금계산서 거래 비율이 낮은 자
· 매입대비 매출 과다자로서 세금을 납부하지 않은 자

- 종이 세금계산서 발급 및 수취 과다 자
- 고액 전자세금계산서를 단기간에 집중발급하고 신고하지 아니한 자와 이들로부터 세금계산서를 받은 자
- IP추적 혐의자
- 세적변경 후 매출 급등자 등

국세청은 전자세금계산서 조기경보시스템을 통하여 자료상 혐의자 등에 대하여 최초의 거짓 세금계산서 교부자부터 최종 거래자까지 흐름을 신속하고 간편하게 파악 및 분석이 가능하므로, 이들 거래자 전체에 대하여 경보발령 및 조사를 실시한다.

📝 13-7. 자료상 조사 현황

[단위: 건]

구분	합계		법인사업자		개인사업자	
	조사인원	고발인원	조사인원	고발인원	조사인원	고발인원
2019년	1,673	1,213	849	609	824	604
2020년	1,522	1,065	835	577	687	488
2021년	1,537	1,127	904	660	633	467
2022년	1,465	1,096	824	609	641	487

전자세금계산서 제도가 안착된 현재에도 조기경보시스템은 원활히 운영되고 있다. 2020년 기준 조기경보시스템을 통해 1,522개의 법인 및 개인사업자가 조사를 받았으며 1,065건의 고발이 있었다고 하니 여전히 자료상 및 거짓 세금계산서 적출에 조기경보시스템이 큰 기여를 하고 있다는 것을 알 수 있다.

3 디지털 포렌식 조사 전담조직 가동

포렌식(Forensics)이란 범죄 등을 밝혀내기 위한 과학적 수사기법을 통칭하며, 주로 삭제된 전산자료 등을 복구하거나 디지털기기 사용, 접속기록 확인 및 문서 등 서류의 위·변조 여부를 검증하는 수단·방법·기술 등을 포괄하는 개념이다.

국세청 '신출귀몰' 문서감정 능력, 세계도 인정했다.

문서감정은 서울지방국세청 첨단탈세방지담당관실 소속 6명 규모의 전담팀에서 담당하고 있으며 세무조사 등 업무를 수행하는 전국의 지방국세청이나 세무서의 의뢰를 받아 감정을 실시한다.

문서감정팀은 지난 2017년 민간 제지공학 전문가를 영입하는 등 감정역량 향상에 노력을 기울이고 있으며 30여 종의 최첨단 장비를 갖추고 활용하고 있다.

대표적인 장비로는 최대 30만 배까지 확대해 종이 재질이나 인영구조를 파악할 수 있는 주사전자현미경, 자외선 등 다양한 빛의 파장을 시각화해

종이·잉크 성분의 동일성을 식별할 수 있는 분광비교분석기, 종이와 인주에 남아있는 극미량 화학성분을 검출할 수 있는 질량분석기 등이 있다.

국세청은 지난 2011년 6월부터 문서감정 업무를 시작한 이래 올해 상반기까지 약 8년간 1,138건의 의심문서를 감정해 437건의 위·변조 사례를 적발하는 등 적발률이 38.4%에 달하며 이를 통해 2,075억 원의 세금을 지켜냈다. 또한 지속적인 장비 보강과 감정기법 개발로 감정성공률은 연 평균 74%에 이르고 있다.

출처: 조세일보(2019. 11. 5.)

2019년 국세청은 문서감정 분야 중 하나인 필적감정 업무에 대하여 한국인정기구(KOLAS)로부터 국제공인시험기관 인정을 획득하였다.

국제공인인정이란 KOLAS가 국제기준에 따라 시험·검사기관의 조직, 시설, 인력 등을 평가하여 특정분야에 대한 시험·검사 역량이 있음을 국제적으로 공인하는 국가제도로 국가기술표준원이 운영한다.

국세청이 인정받은 "필적"은 법과학시험 분야의 하나로서, 동 법과학시험에서 기존에 KOLAS 인정을 취득한 사례는 국립과학수사연구원(인영), 대검찰청(필적, 인영, 지문), 경찰청(지문) 등이 있다.

문서감정은 서울지방국세청 과학조사담당관(구. 첨단탈세방지담당관)에 소속된 6명 규모의 전담팀에서 담당하고 있으며, 세무조사 등 업무를 수행하는 전국의 지방국세청이나 세무서의 의뢰를 받아 감정을 실시한다.

국세청의 보도자료에 따를 경우 2019년 당시 감정성공률이 74%였다. 4건 중 3건에 대해서는 해당 문서의 진위 여부 판단이 가능하다는 것이다.

필자가 분당세무서 납세자보호실장으로 재직 당시 조사 담당 공무원들이 업무용으로 사용하는 NTIS 화면에 문서감정 신청 아이콘이 있었던 것으로 기억한다. 그만큼 국세청 공무원들에게 있어 문서감정 신청 업무는 일상 업무 중의 하나일 뿐이다.

국세청 보도자료에 따른 문서감정 관련 주요 적발내용은 다음과 같다.

📝 **문서감정 관련 주요 적발내용(세금계산서 관련)**

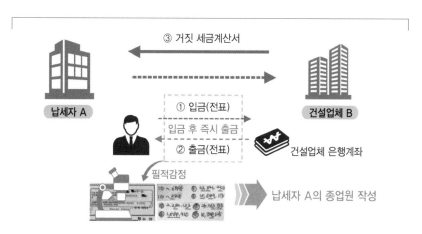

- 납세자 A는 건설업체 B로부터 사료공장 신축공사 명목으로 ○○억 원의 세금계산서를 수취하여 부가가치세 매입세액을 공제받았는데,
  - 공사대금 입·출금이 같은 은행에서 순차적으로 동시에 발생

- 이에, 은행으로부터 입·출금 전표를 확보하여 분광비교분석기 등을 이용해 필적을 감정한 결과,
  - 입·출금 전표 작성자가 납세자 A의 종업원 한 사람으로 확인
  - 이를 토대로 납세자 A가 미등록사업자에게 사료공장 공사를 맡기고, 세금계산서는 실제 시공하지도 않은 B로부터 받은 사실을 확인

□ **조치사항**
- 사실과 다른 세금계산서 매입세액불공제로 ○○억 원 추징
  - 조세포탈범 및 세금계산서 질서범으로 검찰 고발

📝 문서감정 관련 주요 적발내용(이중계약서 관련)

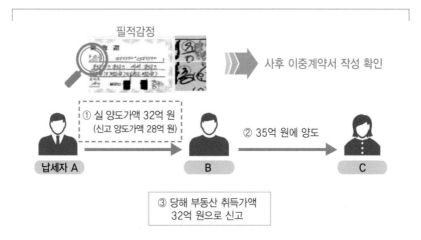

- 납세자 A는 부유층 밀집지역의 고급 APT를 28억 원에 B에게 판 것으로 신고하였으나,
  - 매수인 B는 3년이 지난 후 이 APT를 C에게 되팔면서 취득가액을 32억 원으로 신고하여 매매가액이 서로 다르다는 사실을 포착

- 납세자 A는 양도가액 28억 원의 매매계약서가 진본이고, 32억 원짜리 매매계약서와 영수증이 가짜라고 주장한데 대해, 납세자로부터 자필서명을 제출받아 각 문서의 필적을 3D 현미경 등을 이용해 대조하여 감정한 결과,
  - 납세자 A의 주장은 거짓이며, 사후에 28억 원짜리 이중계약서를 허위로 작성한 사실을 확인

□ **조치사항**
- 과소 신고·납부한 양도소득세 ○억 원 추징

📝 문서감정 관련 주요 적발내용(주주총회 의사록 관련)

- ○○공업(주)는 20XX년 세무조사를 받는 과정에서 임원보수 및 상여금 지급규정 등에 대한 주주총회 의사록을 제출
- 전자현미경, 분광비교분석기, 색차계 등 첨단장비를 활용하여 주주총회 의사록 용지의 펄프 구조·색상, 첨가물의 재질, 투명도 등을 비교 분석한 결과,
  - 당해 주주총회 의사록에 사용된 용지가 사후 제작된 것임을 확인
- 이를 바탕으로 지급규정 없이 임원들에게 임의 지급한 상여금 ○○억 원을 손금 부인

 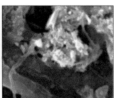 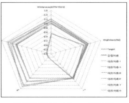

〈펄프의 구조〉　　〈첨가물의 재질〉　　〈용지색상 비교 결가〉

□ **조치사항**
- 법인세 등 ○억 원 추징하고 조세범 처벌법 제17조에 따라 과태료 ○백만 원 부과

또한 국세청이 발표한 '2024 국세행정 운영방안'에 따르면 국세청은 불법 사금융 조사, 주가조작 등 자본시장 불공정거래, 다단계 판매사, 역외 탈세 등을 조사하기 위하여 중부청, 부산청을 비롯한 모든 지방청 조사국에 포렌식 지원 전담팀을 신설한다고 밝혔다.

과세자료의 제출 및 관리에 관한 법률

대한민국 최고의 정보력을 가진 기관은 어디일까?

필자는 검찰청, 경찰청, 국가정보원 그리고 국세청이라고 생각한다. 국세청의 정보력은 매우 막강하다. 그런 막강한 정보력은 어디서 오는 것일까?

본 장에서 설명하는 금융정보분석원 정보활용, 조기경보시스템 구축 활용, 탈세제보 포상금제도, 세원정보자료 수집, 해외금융계좌 신고 제도, 유관기관간 정보 교환, 차세대국세통합시스템 운영 등을 포함하여 여러 가지가 있겠지만, 필자는 다음의 법이 상당한 역할을 한다고 생각한다.

"과세자료의 제출 및 관리에 관한 법률(약칭 과세자료법)"

국세청은 공평·공정과세를 위한 제도적 장치로서 체계적인 과세자료 수집을 위해 "과세자료의 수집 및 관리에 관한 법률"을 제정, 공공 기관의 각종 과세자료가 국세청에 집중되도록 하였다.

과세자료법은 과세자료의 제출·관리 및 활용에 관한 사항을 규정하여 근거과세와 공평과세를 실현하고 세무행정의 과학화와 성실한 납세풍토를 조성하는 것을 목적으로 한다.

과세자료를 제출하여야 하는 기관은 중앙관서와 그 하급행정기관 및 보조기관, 지방자치단체, 금융감독원, 지방공사, 금융회사, 공공기관 및 정부의 출연·보조를 받는 기관이나 단체 등으로 과세자료 제출기관 및 과세자료명 그리고 제출시기 등은 "과세자료의 제출 및 관리에 관한 법률 시행령 [별표]"에 구체적으로 기재되어 있다.

국세기본법에는 세무공무원이 직무를 집행할 때 국가기관 등에 협조를 요청할 수 있고, 그 요청을 받은 자는 정당한 사유가 없으면 협조하여야 한다고 규정하고 있다.

국세기본법 제84조 [국세행정에 대한 협조]

① 세무공무원은 직무를 집행할 때 필요하면 국가기관, 지방자치단체 또는 그 소속 공무원에게 협조를 요청할 수 있다. 〈2010. 1. 1. 개정〉
② 제1항의 요청을 받은 자는 정당한 사유가 없으면 협조하여야 한다. 〈2010. 1. 1. 개정〉

매년 과세자료법에 따라 국세청에서 수집·보유하고 있는 자료의 양은 상당하다. 국세청은 이러한 자료를 분석하여 과세자료 생성 및 세무조사 선정 등에 활용하고 있다.

5 탈세제보 접수·활용과 포상금

탈세제보란 특정 개인이나 법인의 탈세사실을 뒷받침할 수 있는 구체적인 내용 및 증빙을 탈세자의 인적사항과 함께 인터넷, 서면, 전화 등의 방법으로 과세 당국에 제공하는 것을 말한다.

"탈세제보 있어도 세금 추징은 국세청 재량"

A씨는 2020년 한 분양대행업 회사가 사실과 다른 매입세금계산서 등 가공자료를 수취했다면서 국세청에 탈세제보를 했다. 포상금을 지급받을 생각에 마음이 들떠있던 A씨

하지만 국세청은 세무조사 후 "A씨의 탈세제보를 활용하긴 했지만, 포상금 지급 요건을 충족하지 못해 포상금을 지급할 수 없다"고 통지했다. 실망한 A씨는 즉각 불복, 조세심판원의 문을 두드렸다.

심판원은 "A씨의 제보에 따른 추징세액은 합계 5,000만 원 미만으로 나타나 지급대상이 되지 않는다"면서 "A씨의 주장은 국세청의 조사가 미진했기 때문에 추징세액이 과소하게 되어 부당하다는 것이지만 A씨가 국세청에게 세무조사 및 과세처분을 요구할 권리가 있다거나 국세청이 A씨의 요구에 따라 세무조사 및 과세처분을 해야 할 의무는 없다"고 밝혔다.

탈세제보 포상금의 지급에 대해서는 국세기본법 제84조의2에 다음과 같이 규정되어 있다.

 국세기본법 제84조의2【포상금의 지급】

① 국세청장은 다음 각 호의 어느 하나에 해당하는 자에게는 20억 원(제1호에 해당하는 자에게는 40억 원으로 하고, 제2호에 해당하는 자에게는 30억 원으로 한다)의 범위에서 포상금을 지급할 수 있다. 다만, 탈루세액, 부당하게 환급·공제받은 세액, 은닉재산의 신고를 통하여 징수된 금액 또는 해외금융계좌 신고의무 불이행에 따른 과태료가 대통령령으로 정하는 금액 미만인 경우 또는 공무원이 그 직무와 관련하여 자료를 제공하거나 은닉재산을 신고한 경우에는 포상금을 지급하지 아니한다. 〈2021. 12. 21. 개정〉
1. 조세를 탈루한 자에 대한 탈루세액 또는 부당하게 환급·공제받은 세액을 산정하는 데 중요한 자료를 제공한 자
〈2011. 12. 31. 개정〉
2. 체납자의 은닉재산을 신고한 자 〈2010. 1. 1. 개정〉
(후략)

과세관청에서 탈세제보를 받는 경우 과세관청은 신고자의 신원에 대한 비밀을 보장하며, 탈세제보를 통하여 5천만 원 이상 징수되는 경우 탈세제보 포상금은 최대 40억 원의 범위에서 징수세액의 5~20%의 비율을 곱한 금액이 지급된다.

여기서 중요한 것은 첫째, 실제 세금이 징수되어야 한다는 것이다. 제보자가 수령하는 탈세제보 포상금은 징수금액을 기준으로 산정된다. 그러므로 단순히 탈세제보를 통해 세금을 과세하였으나 납세자로부터 세금을 징수하지 못한다면 제보자는 포상금을 지급받지 못한다.

둘째, 제보자가 탈루세액을 산정하는데 '중요한 자료'를 탈세제보 해야 한다는 것이다. 국세청에서 이미 가지고 있는 정보나 언론에서 기사화한 자료 및 단순 의심 정보 등으로는 탈세포상금이 지급되지 않는다. 여기서 중요한 자료란 조세 탈루 또는 부당하게 환급·공제받은 내용을 확인할 수 있는 거래처, 거래일 또는 거래기간, 거래품목, 거래 수량 및 금액 등 구체적 사실이 기재된 자료 또는 장부 등을 말한다.

📝 13-9. 탈세제보자료 처리 현황

[단위: 건, 백만 원]

구분	처리대상 건수			처리 건수(B)	추가 징수세액(C)	이월 건수
	계	전년이월	당년접수			
2018년	25,768	5,449	20,319	17,873	1,305,392	7,895
2019년	30,339	7,895	22,444	23,210	1,316,131	7,129
2020년	28,276	7,129	21,147	18,921	924,536	9,355
2021년	30,153	9,355	20,798	22,097	1,022,298	8,056
2022년	25,833	8,056	17,777	19,903	1,046,613	5,930

📝 13-10. 탈세제보 포상금 지급 현황

[단위: 건, 백만 원]

구분	건수	지급액	건당 지급액
2018년	342	12,521	37
2019년	410	14,964	36
2020년	448	16,122	36
2021년	392	14,040	36
2022년	372	14,952	40

국세통계에 따를 경우 2022년 탈세제보 접수 건수는 약 2만 건이고 처리 건수는 약 2만 2천 건이었다. 그리고 탈세제보로 자료처리에 따라 추가 징수한 세액은 약 1조 원이었다. 그리고 총 372건의 탈세제보에 대해 탈세제보 포상금을 지급하였으며, 그 총액은 약 149억 원이었다.

필자가 분당세무서에서 납세자보호실장으로 근무할 당시 당연직으로 "탈세제보 포상금 지급 심의위원회"에 위원으로 참석하여 조사과 팀장·과장 및 위원장님과 탈세제보에 따른 포상금 지급이 정당한지에 대해 논의하고 포상금 지급 여부에 대해 결의하였었다.

이때 알게 된 사실은 탈세제보는 주로 내부자 소행이 많고 절대 모르는 사이에서는 할 수 없다는 것이다. 탈세제보는 내부 사정을 잘 아는 최측근이 하는 경우가 가장 많으며, 생각보다 많은 제보가 접수되고, 국세부과 징수에 중요한 자료를 제출하는 경우는 드물었다.

국세청은 탈세제보를 활용하여 누락된 세원을 확보하고 있다. 국세청의 보도자료에 따를 경우 탈세제보와 관련하여 다음과 같은 사례를 조사적출하고 조사하였으니 참고하기 바란다.

📝 탈세제보 및 조사내용(상속세 신고 누락)

- 제보자는 피상속인 소유 차명자산, 해외금융자산 등을 ○○○이 상속세 신고 시 신고 누락한 내용과 중요한 자료를 제보

- 피상속인이 관리해오던 ○○○억 원 상당의 차명주식 및 해외금융자산 등을 ○○○이 상속세 신고 시 누락한 것을 확인하고,
  - 상속세 신고 누락분과 관련 소득(양도소득세, 종합소득세 등)을 과세

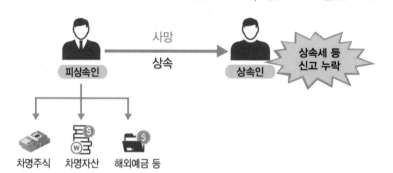

□ **조치사항**
- ○○○에게 상속세 등 ○○○억 원 추징

- 하도급업체를 이용하여 실제 금액보다 과다하게 세금계산서 등을 수취 하여 비자금을 조성한 내역과 중요한 자료를 제보

- (주)○○○○ 하도급업체에 우월적인 지위를 이용하여 실제 금액보다 과다하게 (세금)계산서 수취하여 가공공사원가 ○○억 원을 계상하고 차액은 회수하여 부외자금을 조성하였으며,
  - 계열사 직원의 인건비 ○○억 원을 과다계상 등으로 법인세 탈루

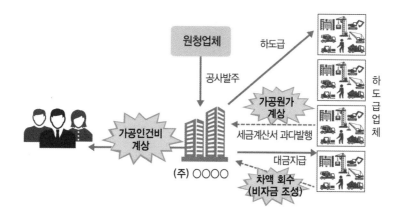

□ **조치사항**
- 법인 및 대표자에게 법인세 등 ○○억 원 추징

6 차세대 국세통합시스템[NTIS]

1 NTIS 도입 배경과 연혁

국세통합전산망으로 불리는 국세청 과세 전산시스템이 도입된 것은 1997년이었다.

국세통합시스템은 개별 납세자의 소득현황은 물론 토지나 주택, 선박 등 재산 보유 현황과 납세자가 제출한 각종 과세자료를 수집, 축적하고 이를 근거로 과세 활동을 지원하는 시스템이다.

월급이나 이자, 배당 같은 국민 개개인의 소득 원천은 물론이고 토지나 주택 등 부동산과 주식 보유 규모, 각 자산의 변동 상황까지 한눈에 파악할 수 있을 뿐만 아니라 예금 규모까지 간접적으로 추정할 수 있는 시스템이다.

지난 2000년대 초반부터 국세청 홈택스 서비스로 연말정산을 지원하는 서비스를 할 수 있었던 것도 이 시스템이 있었기 때문이다.

국세청은 이후 2010년 1월부터 5년 6개월에 걸쳐 2,300억 원 이상을 투입해 기존의 TIS를 획기적으로 개선, 엔티스(NTIS)라는 이름의 차세대 국세통합시스템을 개발했다.

20여 년에 걸쳐 축적한 전자세정 노하우와 최신 정보통신기술을 접목해 당시까지 분산 운영하던 기존 홈택스, 현금영수증, 전자세금계산서, 연말정산간소화, 국세법령정보, 근로장려세제, 공익법인공시, 고객만족센터, 금융정보분석, PCI 분석 시스템 등 여러 시스템을 통합한 것으로, 내부 업무용인 세정업무 포털과 납세자에게 인터넷 세정서비스를 동시에 제공하는 홈택스 포털로 구성된다.

이를 통해 국세청은 국민 개개인의 카드사용 내역, 기부금 내역, 의료비 지출내역, 보험이나 예금 내역 등의 자료를 확보하고 국민이 실시간 연말정산이 가능하도록 각종 서비스를 제공하고 있다.

아울러 특히 주말과 공휴일에도 온라인으로 민원증명을 발급 받을 수 있으며 발급민원 증명 종류도 40여종으로 늘려 납세자가 편리하게 이용할 수 있도록 하였다.

종전에는 위 각 시스템마다 별도로 로그인하여 들어가는 어려움이 있었으나 이제는 한번의 로그인으로 모든 시스템에 접속이 가능하게 되었다.

납세자 개개인의 정보를 본인보다 더 확실하게 갖추고 있는 NTIS는 납세자의 정보를 종합적으로 관리하고 분석함으로써 각종 심리분석과 조사에 활용함은 물론 탈세 가능성을 원천적으로 차단하는 등 탈세 대응능력 강화에도 한몫을 하고 있다.

② NTIS의 주요 기능

- 원스톱 서비스: 납세자는 소득세, 종합부동산세, 지방세 등 모든 세목을 한 번에 신고하고 납부할 수 있다.

- 맞춤형 서비스: 납세자의 특성에 맞는 맞춤형 세무 서비스를 제공한다.

- 간편한 신고: 인공지능 기반 자동 입력 기능 등을 통해 신고를 간편하게 할 수 있도록 지원한다.

- 빠른 환급: 신속한 환급 체계를 구축하여 납세자의 불편을 최소화한다.

- 강력한 분석 기능: 빅데이터 분석 기능을 통해 탈세 위험 요소를 효과적으로 파악한다.

- 모바일 서비스: 스마트폰 앱을 통해 언제 어디서든 세무 서비스를 이용할 수 있다.

③ NTIS의 주요 특징

- 인공지능 활용: 인공지능 기술을 활용하여 납세자의 신고 내용을 자동으로 검증하고, 탈세 위험 요소를 파악한다.

- 빅데이터 활용: 빅데이터 기술을 활용하여 납세자의 소득, 재산, 거래 등의 정보를 종합적으로 분석한다.
- 클라우드 기반: 클라우드 기반 시스템으로 구축되어 유지보수가 용이하고 확장성이 뛰어나다.
- 모바일 중심: 모바일 서비스를 중심으로 구축되어 납세자가 언제 어디서든 세무 서비스를 이용할 수 있도록 지원한다.

4 NTIS의 기대 효과

납세자들이 보다 쉽고 간편하게 세금을 신고하고 납부할 수 있어 납세 편의가 크게 향상됨은 물론 인공지능, 빅데이터 등의 첨단 기술을 활용하여 세무 행정 업무의 효율성이 크게 제고되고, 납세자 정보를 종합적으로 관리하고 분석하여 탈세를 효과적으로 방지함으로써 국가 세입 또한 증대될 것으로 기대된다.

7 해외금융계좌 신고제도(FBAR)

1 해외금융계좌 신고제도 의의

해외금융계좌 신고제도란 거주자 또는 내국법인에 보유하고 있는 해외금융계좌 잔액이 해당연도 매월 말일 중 어느 하루라도 5억 원을 초과하는 경우 그 금융계좌의 정보를 다음 연도 6월 1일부터 30일까지 납세지 관할 세무서에 신고하는 제도이다.

2 해외금융계좌 도입배경

미국·프랑스·일본 등 주요 선진국은 해외 탈루세원의 회복과 해외 유출자본의 회수·유입을 위하여 해외금융계좌 등 역외자산의 신고제도를 이미 시행한 지 오래되었다.

이에 우리나라도 국제자본의 불법적인 해외 유출과 역외소득탈루를 사전에 억제하고자 해외금융계좌 신고제도를 도입하여 2011년 처음으로 시행하게 되었다.

③ 해외금융계좌 신고대상

구분	신 고 대 상
신고 계좌 유형	해외금융회사에 ① 예·적금계좌 등 은행업무와 관련하여 개설한 계좌 ② 증권(해외증권 포함)의 거래를 위하여 개설한 계좌 ③ 파생상품(해외파생상품 포함)의 거래를 위하여 개설한 계좌 ④ 가상자산의 거래를 위하여 개설한 계좌 ⑤ 그 밖의 금융거래, 가상자산거래를 위하여 개설한 계좌
신고 대상 자산	현금, 주식(예탁증서 포함), 채권, 집합투자증권, 보험상품, 가상자산 등 위 신고대상 해외금융계좌에 보유한 모든 자산을 신고한다.
신고 대상 금액	위 신고대상 자산의 산정금액 합계가 신고대상연도 매월 말일 중 어느 하루라도 5억 원을 초과한 경우 그 잔액의 최고금액

④ 해외금융회사 등의 범위

해외금융회사 등이란 국외에 소재하는 금융업 및 보험업과 이와 유사한 업종을 하는 금융회사. 『특정 금융거래정보의 보고 및 이용 등에 관한 법률』 제2조 제1호 하목이 가상자산 사업자 및 이와 유사한 사업자로서 외국의 관련 법령에 따라 설립된 금융회사, 가상자산사업자 등을 말한다.

국내 금융회사가 해외에 설립한 국외사업장(해외지점)은 포함하나, 외국금융회사가 우리나라에 설립한 국내사업장(국내지점)은 제외한다.

5 해외금융계좌 신고방법 및 신고내용

신고의무자는 신고대상연도의 해외금융계좌 신고서를 작성하여 다음해 6월 1일부터 6월 30일까지 납세지 관할 세무서장에게 신고하여야 한다. 단, 홈택스 또는 손택스(모바일)에서 전자신고를 이용하면 세무서 방문없이 편리하게 신고할 수 있다.

신고내용에는 ① 계좌보유자의 성명, 주소 등 신원에 관한 정보, ② 계좌번호, 금융회사명, 매월 말일의 보유계좌 잔액의 최고금액 등 보유계좌에 관한 정보, ③ 계좌 관련자가 있는 경우 관련자에 관한 정보를 신고하며 여기서 계좌 관련자란 명의자, 실질적 소유자, 공동 명의자를 말한다.

[2023년 해외금융계좌 신고현황]

(명, 개, 조 원)

구분		'23년						'22년		
		인원(증가율)		계좌(증가율)		금액(증가율)		인원	계좌	금액
전체		5,419	(38.1%)	26,488	(26.7%)	186.4	(191.3%)	3,924	20,909	64.0
	개인	4,565	(43.7%)	14,590	(46.6%)	24.3	(8.5%)	3,177	9,952	22.4
	법인	854	(14.3%)	11,898	(8.6%)	162.1	(289.7%)	747	10,957	41.6

해외금융계좌 신고현황[2100 ~ 2023]

첫 시행 연도인 2011년에는 525명 11조 5,000억 원을 신고하였고 10여년이 지난 2023년도에는 5,419명 186조 4,000억 원을 신고하여 최초 신고 연도 대비 신고인원은 10배 신고금액은 16배로 각각 증가하였다.

6 해외금융계좌 관련 국외소득신고

해외금융계좌와 관련된 국외금융소득(국외이자·배당소득), 국외자산 양도 등은 소득세신고(매년 6월) 법인세신고(매년 3월)시 국내소득과 합산하여 신고하여야 한다.

이 경우 그 국외소득에 대하여 외국에서 우리나라의 소득세에 상응하는 외국의 조세를 납부하였거나 납부할 것으로 확정된 경우 외국납부 세액공제를 받을 수 있다.

7 해외금융계좌 신고의무 위반에 대한 제재

(가) 미(과소)신고 과태료

해외금융계좌 신고 의무자가 신고기한 내에 해외금융계좌 정보를 신고하지 아니하거나 과소 신고한 경우에는 미신고 또는 과소신고 금액에 과태료율(10~20%)을 곱한 금액이 과태료로 부과된다. 또한 당해 연도 이전에도 미(과소)신고한 사실이 확인되는 경우에는 신고 의무를 위반한 연도마다 각각 과태료가 부과된다.

(나) 명단공개

헤외금융계좌 신고의무자가 미(과소)신고한 금액이 50억 원을 초과한 경우에는 국세정보심의위원회의 심의를 거쳐 성명·나이·직업·주소· 위반금액 등 인적사항을 공개할 수 있다.

(다) 형사처벌

해외금융계좌 미(과소)신고한 금액이 50억 원을 초과하는 경우 벌금 상당액을 부과하는 통고처분이나, 2년 이하의 징역 또는 신고의무 위반 금액의 100분의 13 이상 100분의 20 이하에 상당하는 벌금에 처해 진다. 이 경우 징역형과 벌금형은 병과될 수 있다.

8 해외금융계좌 제보 관련 신고 포상금

2012년부터 해외금융계좌 신고제도의 실효성을 제고하고 성실신고를 장려하기 위하여 해외금융계좌 신고포상금제도가 도입되었다.

해외금융계좌 신고의무 위반행위를 적발하는데 중요한 자료를 제보한 경우 최고 20억 원의 범위 내에서 과태료 또는 벌금액에 5~15%의 지급률을 곱한 금액에 상당하는 포상금을 제보자에게 지급하고 있다. 다만, 과태료 또는 벌금액이 납부되는 등 부과처분이 확정되어야 지급 받을 수 있다.

여기서 중요한 자료란 해외기관명칭, 계좌번호, 계좌잔액, 계좌 명의자 등 해외금융계좌의 구체적인 정보를 확인하여 처벌 또는 과태료 부과의 근거로 활용할 수 있는 자료를 말한다.

9 해외금융계좌 납세협력법(FATCA)

(가) 미국의 해외금융계좌 납세협력법 제정

2010.3월 미국은 자국 납세자의 역외탈세방지 및 금융정보 수집을 위하여 해외계좌 납세협력법을 제정하였다. 해외금융자산 5만 불 이상을 보유한 미국 납세자는 소득세 신고시 해외금융자산 정보도 같이 신고하여야 하며, 신고대상은 은행계좌, 위탁계좌, 출자·채권 지분 등을 포함한다.

(나) 한·미 금융정보 자동교환 협정

2016년 9월 「한·미 금융정보 자동교환 협정」 비준 동의안이 우리 나라 국회를 통해 발효되었으며 이에 따라 각국 금융기관이 국세청에 전년도 말 기준으로 보고한 금융계좌 정보를 양국 국세청이 매년 9월 정기적 으로 상호교환하며 보고대상 계좌는 연간이자 10달러 초과 예금계좌, 미국 원천소득(이자, 배당, 기타)과 관련된 기타 금융 계좌이자 등이다.

(다) 다자간 금융정보 자동교환 협정

다자간 금융정보 자동교환은 OECD가 주도하는 「다자간 금융정보 자동교환 협정(MACC)」에 가입한 국가 간에 자국에 금융기관이 보유한 상대국 거주자의 금융계좌 정보를 매년 정기적으로 상호교환하는 제도이다.

우리나라는 2014년에 「다자간 금융정보 자동교환 협정(MACC)」에 서명하여 2017년부터 시행하고 있으며 2023년 기준 151개 국가와 금융정보를 교환하였다. 앞으로도 역외 세원을 관리하고 역외탈세를 차단하기 위해 금융정보 자동교환을 지속적으로 확대해 나갈 것으로 예상된다.

세무사 활동을 하면서 다년간 경험하고 연구한 내용을 바탕으로 필자 나름 대로의 논리를 구성하여 본서를 집필하다 보니 필자의 생각이 많이 반영되었다. 혹시 집필 과정에서 필자의 능력 부족으로 오류나 독자의 의견과 상이한 부분이 있더라도 너른 마음으로 혜량하여 주시길 부탁드린다.

세법에 대한 해석과 사실관계를 바라보는 관점은 각자 처해진 입장에 따라 다를 수 있다. 다만, 이러한 관점의 스펙트럼을 넓혀 발생할 수 있는 최대한 다양한 상황을 예상하고 그에 따른 대책을 강구할 수 있다면 Tax consultant로서 큰 힘이 될 것이다.

본서가 독자 여러분의 균형 잡힌 세법 해석 능력과 조세사건에 대한 합리적인 판단 능력을 제고하길 바람은 물론, 대다수 납세자의 권익을 보호하고 납세의무를 성실하게 이행하는데 조금이라도 도움이 되었기를 바란다.

아울러 다양한 Tax consultant들이 본서를 통해 납세자와의 돈독한 신뢰관계를 유지하기 바라는 한편, 절세 컨설팅으로 인한 선의의 피해자가 발생하지 않게도록 납세자들에게 책임 있는 컨설팅을 제공해 주길 바란다.

본서를 읽어 주신 모든 분께 깊은 감사를 드린다.

대표 저자 황범석

" Profile "

황범석 세무사

- 세무회계 필승 대표세무사
- 국세청 본청 조사국 겸임교수
- 분당세무서 납세자보호실 실장
- 법무법인(유) 율촌
- 세무법인 다솔(양도·상속·증여)
- 세무법인 택스세대(조사대응)
- 영화조세통람 칼럼리스트
- 건국대학교 부동산대학원
- 저서 「납세자보호담당관실 25시」

상담 및 강의 문의: bshwangtax@naver.com
▶ YouTube | 세금 풀어주는 남자

황희곤 세무사

- 세무회계 필승 부회장
- 서울지방세무사회 부회장
- 서초세무서장 / 진주세무서장
- 서울지방국세청 조사1국 조사3과장
- 국세청·서울청·중부청 조사국
- 국세청 조사팀장, 조세범 조사 전문요원
- 한양대학교 행정대학원 세무학 석사
- 한국세무사회 세무연수원 교수
- 한국토지주택공사(LH) 세무고문
- 뉴스인미디어 / 이뉴스TV논설위원
- 저서 「핵심 이슈별 판례 세법」